정답은없다

정답은없다

각자의 삶을 살아가길 바라며

정범석

목 차

프롤로그 _ 별 것과 별 것 아닌 것　　　　　　009

1장 _ 기본-위치를 알다. 내가 서 있는 그곳

불완전한 것은 지극히 정상이다　　　　　　016
누구나 스스로의 길을 걷고 있다　　　　　　021
무게를 버티는 힘, 기본　　　　　　　　　　029
다스림에 달려있다　　　　　　　　　　　　035
해 봐야 안다　　　　　　　　　　　　　　　041
자신을 아는 것이 최고의 통찰이다　　　　　048
시간은 금 이상이다　　　　　　　　　　　　054

2장 _ 세상을 직시하는 힘

정말 알아야 했던 것	062
작은 것, 결코 작지 않다	067
내 안에 있는 고무 줄자	072
삼 척짜리 인생	078
올라갈 때와 내려갈 때	083
견공 시대	088
단 한 사람으로부터	096
전환의 시대	100
홀로서기	106

3장 _ 성장을 위한 도약

틀을 깨다 114
떠나야만 얻을 수 있는 것들 121
확장의 결정적 역할, 포용력 127
부정적인 생각을 버리면 답이 보인다 131
굳어버리지 않으려면 137
끝까지 하는 자의 성취 141
적당히 솔직하게 148

4장 _ 실존, 지금을 사는 놀라움

한 번뿐이라는 덫	156
자유로울 수 있는 힘	165
오감의 진수, 경험	171
후회가 없도록	178
천하는 살아있는 자의 것이다	182
나를 사랑해야 존재한다	185
하기 나름	190
가장 큰 학교	197
대체 불가	200

에필로그 _ 정답은 없다   207

프롤로그

별 것과
별 것 아닌 것

　인생이 별거 아니라는 말을 곰곰이 생각해 봅니다. 우리네 인생을 빈손으로 왔다가 빈손으로 간다고 합니다. 인생 무상하니 막살라고 하는 말이 아닙니다.

　'별 것 아닌' 일에 죽을 둥 살 둥 호들갑을 떨면서 '별것'인 진짜를 놓치고 사는 건 아닌가 생각해 봅니다.

　제 또래들이 교복 입고 가방 들고 다닐 때 저는 지게를 지며 살았습니다. 제 또래들이 대학을 다닐 때 저는 객지에서 공사판을 전전하며 살았습니다. 실로 엄청난 차이가 났습니다. 하늘과 땅 차이였지요.

　젊어서는 스펙이 필요했습니다. 나이가 일흔 살 턱 밑까지 오니 스펙이 필요 없게 되었습니다. 저는 원래 없던 것이니 그냥 그대로입니다. 하지만 다양하고 화려한 스펙을 가지고 있던 분들은 그 효용성이 점점 떨어집니다. 나이가 들수록 스펙보다 건강이 더 중요한 과제가 되었습니다.

아마 지금보다 더 많은 나이를 먹게 되면 건강도 별거 아니게 됩니다. 제아무리 건강하더라도 나이가 90이 넘어가면 그게 그것인 게 됩니다. 100세 가까이 되면 아픈 사람이나 안 아픈 사람이나 구분이 되지 않습니다. 별 차이가 없어집니다.

서로 모함하며 죽으라 경쟁하고 살아봤자 70이 넘으니 그게 그것입니다. 어차피 권력도 명예도 스펙도 재물도 다 내려놓고 빈손으로 가야 할 인생의 마지막 길에 들어선 겁니다. 그 길에 들어서면 아마 대부분이 비슷한 생각을 하게 되지 않을까 싶습니다.

돌아보면 그렇게까지 모진 말 할 필요가 없었습니다. 그렇게 안 하면 손해 보는 것처럼 악착같이 살 필요가 없었습니다. 무시당하는 것 같아 자존심을 내세우며 아등바등 살았지만 그럴 필요가 없었습니다.

남이 하는 것 안 하면 뒤처지는 것 같고, 남이 사는 것 안 사면 부족한 것 같아서 카드 할부를 긁어서라도 사야 했던 것들도 있었습니다. 그러나 남들의 생각에 맞추어 살아야 할 필요가 없습니다.

화가 나서 욱하고 한마디 한 것을 후회할 때가 많이 있었습니다. 차 한잔하면서 생각했으면 그냥 지나쳐도 될 것들 투성이인데 돌아보면 참으로 어리석은 일들이 많습니다. 숨 한 번 크게 쉬고 한 번 더 생각했으면 부드럽게 넘어갈 수 있었을 일을 크게 만든 것입니다.

스펙은 큽니다. 돈도 명예도 권력도 큽니다. 하지만 건강만큼 크지는 않습니다. 생명만큼 큰 것은 없습니다.

시험지는 정답이 있을지 몰라도 인생에 정답은 없습니다. 인생이 딱 맞아서 사는 것이 아닙니다. 계획대로 진행되고 내 생각대로 움직여지지 않습니다. 안타깝게도 오차가 있는 것이 인생입니다. 오차가 있다고 해서 잘못 산 것도 아닙니다. 우리는 오차라고 부르는 그 작은 틈을 통해 더 발전하고 도약할 방법을 찾게 됩니다. 오차로 인해 성숙될 기회를 만나고 자신을 바로잡을 힘을 쌓게 합니다. 삶은 과정입니다.

자신의 문제를 타인에게서 구할 수 없습니다. 자신의 문제는 자신이 냈기 때문에 본인이 답을 찾아야 합니다. 자신이 정답이 없는 문제를 냈기 때문에 답이 없는지 모릅니다. 문제도 내가 냈으니 문제를 푸는 것도 내가 풀어야 합니다. 내가 정답이라고 답을 쓰면 그만입니다.

내 인생의 채점을 누가 하겠습니까? 자신의 채점은 스스로 하는 것입니다. 정답 없는 인생을 살면서 죽는 날까지 자신을 다그친다면 아무것도 시도하지 못하게 됩니다. 이왕 내가 채점하는 것인데 때로는 자신에게 점수를 후하게 줄줄도 알아야 합니다. 그때그때마다 문제도 정답도 달라집니다. 내가 서 있는 위치마다 문제는 달라지기 마련이고, 경험이 쌓이면서 기존에 생각했던 정답도 업그레이드됩니다.

학교선생님들이 학생들의 수준에 따라 눈높이를 맞춰주듯, 아이들의 상황에 따라 배려해주듯, 각자 걷고 있는 길을 격려해주고 다독여주면 어떨까요. 자신의 컨디션에 맞춰 스케줄을 조정하듯 때에 맞춰 눈높이를 조정하며 자신에게 맞는 답을 내는 겁니다.

언제부터인가 제가 결정한 것을 제 인생의 정답이라고 믿고 살고 있습니다. 타인에게서 답을 찾지 않고 나에게서 찾으니 훨씬 가벼워졌습니다. 다른 사람의 삶을 들여다보는 시간에 내 삶을 들여다보니, 문제도 답도 내 안에 있음을 발견합니다.

마음대로 안 되는 인생입니다. 인생의 정답을 찾기 위해서 머리를 싸매고 고민한다고 정답이 뚝딱 나오지도 않습니다. 내 삶을 살아가는 과정 중에 자신의 정답을 찾아가는 겁니다. 누군가의 정답이 내게는 정답이 아닐 수 있습니다. 남이 걷고 있는 길만 쳐다보면 내 갈 길도 제대로 다 못갑니다. 그 정답지도 상황에 따라, 본인의 여건에 따라 바뀔 수 있다는 유연함을 가진다면 이미 정답에 가까이 있는 겁니다.

하루하루 사는 것이 기적입니다. 기적 같은 하루를 살면서 별것도 아닌 것에 시간을 낭비하지 않았으면 좋겠습니다. '별것 아닌' 것에 목숨 걸고 시간을 쏟고 사람을 잃고 자신을 잃지 않았으면 좋겠습니다. 하루의 삶을 살아가는 과정 속에서 무엇이 정말 중요한지 생각해 보셨으면 좋겠습니다.

남의 말에 휘둘리는 인생을 살지 마세요. 오직 한 번뿐인 인생을 누군가가 정해놓은 길로 따라가지 마세요. 정답은 없습니다. 내가 만든 길이 내가 갈 길입니다. 내 길입니다. 우리 각자가 각자의 답을 만들어 갈 뿐입니다.

각자의 삶을 살아가길 바라며

정 범 석

1장

불완전한 존재라는 것을 확실히 알고
자신에게 충실할 수 있는 사람만이
자기 자신을 사랑할 수 있습니다.

기본 — 위치를 알다
내가 서 있는 그곳

01

불완전한 것은
지극히 정상이다

　　　　　　　　　　　나이가 들어가니 구석구석 아픈 곳이 늘어갑니다. 몸이 안 좋아 병원에 들렀습니다. 의사 선생님이 진찰하시더니 꾸지람 비슷한 진단을 하십니다. '이것은 먹지 마세요, 저건 먹으세요.' 콕콕 집어 말씀하십니다. 고개는 끄덕이며 알겠다고 답은 하는데 속으로 '그럼 뭘 먹고 사나' 하는 의문이 듭니다.

　일상에서 완전하게 한다는 것이 쉽지 않습니다.

　정형외과에 가면 이렇게 걸어야 올바르게 걷는 것이라고 이야기합니다. O 자형 다리이니까 이렇게 걸어야 하고, 척추가 휘었으니 저렇게 걸으면 안 된다 합니다. 고개는 어떻게 들어야 하고 어깨는 어떻게 해야 하며 발목은 어떻게 사용해야 한다고 말씀하십니다. 그런데 제가 보기에 의사 선생님 말씀대로 제대로 걷는 사람은 별로 없습니다.

제 주변 지인들을 보면, 병원에 가서 진료를 받으면 스트레스성이라는 말을 안 듣는 사람이 거의 없습니다. 어디가 아프다고 해서 가면, 스트레스 받지 말라는 말은 꼭 듣고 온다고 합니다. 요즘 같은 세상에 스트레스 없는 사람들이 있을까 싶습니다. 스트레스를 안 받기 위해서 이렇게 하라, 저렇게 하라는 지침도 있더군요. 그런데 지침 그대로 따라 하려니 그것도 스트레스입니다. 스트레스 없이 사는 사람은 없습니다. 마냥 속 편하고 마음 편하게만 살 수가 없습니다.

아프지 않은 사람도 병원을 한 바퀴 돌고 나면 어딘가 문제 있다는 소리를 듣게 될 것입니다. 일상 속에서 완전하게 행할 수 있는 사람이 몇이나 있을까요? 제대로 걷는 것 하나 힘듭니다. 내 몸에 좋은 것만 골라서 먹기도 힘듭니다. 의사가 처방한 대로 제시간에 정량의 영양제를 챙겨 먹는 것도 쉽지 않습니다. 작은 것 같지만 무엇 하나를 제대로 완벽하게 지속적으로 한다는 것은 불가능에 가까운 일입니다.

완전하게 산다는 것이 가능할까요? 가끔 스포츠 경기를 보다 보면 그런 생각이 더욱 듭니다. 테니스, 축구, 농구, 야구……. 평생을 그것만 하고 사는 전문가임에도 완전하지 않습니다. 실수도 하고 부상도 당합니다. 한 가지 스포츠를 업으로 삼고 온종일 그것에 시간을 쏟는 사람들도 기계처럼 완전하지 않기에 매번 경기 결과가 달라집니다. 남들보다 뛰어나게 잘하는 것이지, 아무리 전문가라 해도 완전하지는 못합니다.

인간은 불완전하고 불안정합니다. 그래서 인간입니다. 정확하게 움직이는 찍어놓은 기계가 아니기 때문입니다. 법만 봐도 그렇습니다. 우리가 지켜야 하는 법을 우리는 잘 지키고 있다고 착각합니다. 엄밀하게 법대로 한다면 법에 안 걸릴 사람이 없습니다. 운전을 해 본 사람은 스스로 운전할 때를 떠올려 보세요. 고의든 아니든 평생 운전하며 신호 위반을 단 한 번도 안 한 사람은 없습니다. 유턴을 하지 말아야 할 신호에서 유턴을 합니다. 신호등에 빨간 불이 켜져 있고 사람들이 인도로 건너고 있는데도 눈치를 살피다가 우회전을 해버립니다.

시속 60킬로로 시내의 정속을 지키며 단 한 번의 과속이라도 안 한 사람은 없을 겁니다. 고속도로에서 끼어들기를 하려면 차선 변경 100미터 앞에서부터 깜빡이를 켜야 합니다. 지키는 사람을 거의 본 적이 없습니다. 도로에서 법적으로 규정된 차 간 거리를 유지하면서 달리는 차량도 보기 드뭅니다.

오늘 아침 내가 먹는 아침 식사를 영양사들이 와서 본다면 난리가 날 것입니다. '아니, 음식을 어떻게 이렇게 합니까?', '이것과 저것을 섞어서 먹으면 영양소가 파괴되어 안 됩니다.', '칼로리 조절을 위해서 이것은 먹으면 안 됩니다.', '이것을 먼저 먹고 저것은 맨 마지막에 드셔야 합니다.', '이 음식은 불에 조리하면 안 됩니다.', '이 음식은 아침에 드셔야 합니다.'라고 여러 가지 지적을 다 할 겁니다.

음식 관련 프로그램 중에 요즘 인기몰이를 하는 프로그램이 있습니다. 식당 운영을 전반적으로 살펴보며 개선할 점을 찾아 식당에 도움을 주는 형식으로 진행되는 프로입니다. 만약 그분이 우리 집에 와서 요리하는 것을 본다면, 저는 아마 평생 요리하기를 포기하게 될 겁니다. 다시는 부엌에 안 들어갈지도 모릅니다.

'칼질을 왜 이렇게 하냐?', '파는 왜 이렇게 큰 걸 사 왔냐, 작은 걸 사 와야지.', '된장을 이렇게 관리하면 되냐.', '버섯은 이렇게 관리하면 안 된다.', '무를 이렇게 썰면 되냐.', '계란을 이렇게 풀면 안 된다.' 안 봐도 그려지는 장면입니다. 그런데 그런 방법으로 요리하지 않은 것도 우리는 맛있게 먹잖아요. '맛있다', '이 정도면 딱 좋다', '완벽하다' 하고 먹습니다. 칼로리와 음식의 색 조합을 정확하게 진단하며 먹지 않습니다. 짠맛과 신맛과 단맛의 조화를 완벽하게 구별하기도 어렵고 그럴 만한 여유도 없습니다.

미식가들의 전문 영역을 제외한 일반인들은, 보통 그날의 식사가 '맛있었다', 혹은 '맛없었다'로 대충 결론을 내립니다. '이 집은 다시 가지 말아야겠다.' 혹은 '나중에 또 와야지.' 둘 중 하나입니다. 우리는 이렇게 완전하지 못합니다. 완전하지 못하다는 것을 인정하고 삽시다. 적당히 먹고 적당히 맛을 느낄 뿐입니다. 내가 완전하지 못한 만큼 타인도 완전하지 못하다는 것을 인정합시다. 내 입으로 들어가는 음식도 내 의지대로 완전하게 통제하지 못하고 살고 있습니다. 내 몸도 내 마음대로 관리를 못 해서 여기저기 아프기 일쑤입니다.

　나의 불완전함을 인정하고 남의 불완전함을 인정하면 쉬워집니다. 자신도 제대로 통제하기 어려운 판에 굳이 남을 통제하고 지적할 필요가 없습니다. 헤아려 주는 만큼 헤아림을 받습니다.

　불완전한 것은 지극히 정상입니다. 이 사실을 온전히 받아들여야만 있는 그대로의 자신에게 충실할 수 있습니다. 필요한 경우, 보완해야 될 것은 보완하면 되고 부족한 것은 채우면 됩니다. 다만 불완전한 자신을 몰아붙이고 자책할 필요는 없습니다. 불완전한 존재라는 것을 확실히 알고 자신에게 충실할 수 있는 사람만이 자기 자신을 사랑할 수 있습니다.

02

누구나
스스로의 길을 걷고 있다

오랜만에 정장 입을 일이 생겼습니다. 정장을 고르고, 셔츠를 골랐습니다. 어떤 넥타이가 어울릴까 생각하다가 한 가지를 집었습니다.

넥타이를 매다가 문득 그런 생각이 들었습니다. 우리는 하루에 몇 번의 선택을 하고 살고 있을까?

아침에 눈을 뜨면 제일 먼저 오늘 무엇을 할지 생각을 합니다. 무슨 옷을 입고 출근할지 선택하고 무엇을 먹을지도 선택합니다. 장소를 이동할 때도 어떤 경로로 어떤 수단으로 이동할지, 핸드폰을 잡고 무엇을 먼저 열어볼지, 오늘 하루 해야 할 일 중 무엇을 먼저 처리할지 선택합니다.

하루의 삶은 온종일 내가 선택한 결정으로 이루어집니다. 내가 내린 결정들의 하루가 모여 인생이 됩니다. 사람은 자기가 무엇을 선택하느냐에 따라서 인생이 달라집니다.

매번의 선택이 모여 하루가 되고 일 년이 됩니다. 그렇게 조금씩 알게 모르게 선택의 결과가 쌓여갑니다.

크게 눈에 띄게 달라지는 것은 없지만 결국 그것이 습관이 되어 인생이 됩니다.

선택은 특별한 것이 아니라 날마다 시시각각 이루어집니다. 점심 식사할 때, 메뉴 한번 잘못 선택하면 주머니가 허전해지고 배 속이 불만족스러우며 저녁을 먹을 때까지 후회하곤 합니다. 메뉴를 선택하고 주문하는 데 많은 시간이 주어지지 않습니다. 식당 안에 손님이 꽉 차 있으면, 옆에서 종업원이 말없이 대기하고 있어도 스스로 재촉하게 됩니다. 단체로 여럿이 가면, 메뉴 선택에도 변수가 생기고 내가 원하는 음식을 먹지 못할 때도 있습니다. 어떤 것은 꼭 2인분 이상 시켜야 하고, 사람이 많으면 음식을 통일되게 주문해야 하는 경우도 생깁니다. 돈이 있어도 내 마음대로 선택할 수 없습니다. 음식 한끼를 선택하는데도 이러합니다.

인생은 오죽하겠습니까. 진로는 잘못 선택하면 인생이 달라집니다. 자기 진로를 다른 사람에게 묻는 것만큼 위험한 것은 없습니다. 한 끼

먹는 음식도 아니고 인생이 걸린 문제인데 부모에게 선생에게 친구에게 의존합니다.

인생의 진로는 음식을 먹는 것과 비슷합니다. 여럿이 음식점을 가게 되면 자기 입맛대로 먹기가 어렵습니다. 자기 취향, 자기 돈, 자기 분위기에 맞추기 어렵습니다. 혼밥, 혼행, 혼술이 유행이라지만 사회라는 곳은 혼자 살아갈 수 없습니다. 최대한 혼자의 시간을 확보한다고 해도 공동체 사회에서는 혼밥하듯이 완전히 홀로 살아갈 수 없습니다.

진로를 선택하는 것은 인생에 가장 중요한 문제입니다. 답답한 마음에 혼자서 어찌할 바를 몰라 묻는 마음도 모르는 바는 아닙니다. 타인의 의견을 들어 참고가 되고 도움이 된다면 다행입니다.
하지만 자기 인생의 방향을 결정하는 데 타인에게 길을 묻는 것 또한 엄청난 리스크라는 것을 알아야 합니다.

왜 똑똑한 젊은이들이 자기 진로와 가야 할 길을 타인에게 물어볼까요?
스스로 선택하고 산 것이 아니라 시키는 대로 배우고 습득하고 익히고 외우고 따라 하는 것을 너무 잘했기 때문입니다. 자식을 너무 사랑한다는 이유로 처음부터 끝까지 모든 것을 부모가 대신 선택해준 덕분에 결정 장애자로 키우는 우를 범하기도 합니다. 부모가 사주는 옷, 부모가 선택한 학원, 부모가 사주는 음식, 부모의 희망 사항, 부모의 타임 스케줄을 따라야 합니다. 부모가 원하는 옷을 입어야 하고, 이 학원을 다녀야 성적이 오르고, 이것을 먹어야 몸에 좋다고 요구합니다. 아이들이 직접 해야 할 선택을 부모가 대신해주고 강요해 왔기 때문입니다.

20년 가까이 선택권을 부모가 쥐고 살았으니 성인이 되어 자신의 진로를 스스로 결정하지 못하고 타인을 찾습니다. 부모님이나 교수님 혹은 친구나 선배에게 물어봅니다. 그래도 모르겠으면 옆의 가까운 친구를 따라가곤 합니다.

인간은 어찌 보면 힘이 없는 미물 같지만 어찌 보면 참으로 위대합니다. 우리가 생각하는 것보다 훨씬 뛰어나고 강합니다. 자신이 강하다는 것을 모르기 때문에 두려운 것입니다.

어른이 보기에 자식이 조금 불안한 면이 보여도 한번 믿고 놔둬 보세요. 나이가 몇 살이든 상관없이 '지금 내가 이것을 할 수 있을까' 하는 의구심이 들어도 직접 해보세요. 일단 자신이 없어도 해보는 겁니다. 스스로 시행착오를 겪어가며 결국 자신에게 맞는 최선의 길을 선택하게 됩니다. 작은 선택이 모여 자신의 길을 가게 됩니다.

자기보다 자신을 사랑해줄 수 있는 사람은 별로 없습니다. 그러니 자신에 대해서 먼저 알아야 합니다.

하고 싶은 것이 무엇인지, 좋아하는 것은 무엇이며, 하기 싫은 것은 무엇인지 노트에 적어 보세요.

그리고 하고 싶은 것과 좋아하는 것을 하세요.

환경이 안 돼서 못 하면 나는 꼭 할 것이라는 생각을 잊지 않고 살면 언젠가는 할 수 있습니다. 무엇을 원하고, 무엇을 하고 싶고, 무엇을 못하고 잘하는지, 무엇을 좋아하고 싫어하는지, 세상 어떤 사람이 자신보다 더 잘 알 수 있을까요? 자신보다 자신을 더 잘 아는 사람은 없습니다. 오직 자기 자신뿐입니다.

자신의 갈 길을 정하지 못했다면, 확신이 서지 않는다면, 나는 '어떤 사람'인지부터 자신에게 진실하게 물어야 합니다. 내가 누구인지 알아야 내가 어디로 가야 할지도 알게 됩니다. 내비게이션을 켜고 목적지를 입력하면 길의 경로가 나옵니다. 경로가 나올 수 있는 이유는 나의 현재 위치와 가야 할 위치가 잡히기 때문입니다. 목적지는 알겠는데 내가 어디 있는지 모른다면 아무리 성능 좋은 내비게이션도 길을 알려줄 수 없습니다. 반대로 내가 어디 있는지 정확하게 알고 목적지를 안다면 어디든 갈 수 있습니다.

자신이 타고난 재능을 발견하기는 쉽지 않습니다. 어린 시절에 친구들과 어울려 놀 때도 남들보다 잘하는 게 있고 못하는 게 있습니다. 더 재미있는 놀이가 있고 재미가 없는 놀이가 있습니다. 노는 것도 이것저것 직접 경험해 보면서 스스로 더 적합한 것을 선택하게 됩니다.

음식도 먹어보면 호불호가 생깁니다.

젊어서 하고 싶은 것과 하기 싫은 것을 다 해 보다 보면 자신이 가지고 있는 보물 같은 것을 찾게 됩니다. 그래서 젊어서는 실패를 두려워하지 말고 많은 것을 시도해 봐야 합니다. 그런 과정 중에 깨닫게 되는 겁니다. 그런 과정이 없이 내가 어떤 사람인지, 무엇을 좋아하는지 알아낼 방법이 없습니다. 과정 중에 느끼는 것을 면밀히 살피며 어떻게 살 것인지 고민해 봐야 합니다.

실패도 해 보고, 실수도 해 보고, 방황도 해 봐야 합니다. 그래야 어떤 부분이 약한지 강한지 파악하고 개선하거나 다른 길을 찾을 수 있습니다. 어떤 부분이 남들보다 뛰어나고 무엇을 할 때 내가 가장 좋아하는지도 알게 됩니다. 방황하는 시간이 있어야 심사숙고하게 됩니다. 그 시간이 있어야 자신을 알게 됩니다. 무언가 잘 안 되고 있다면 무엇이 잘못된 것인지 뒤돌아보는 시간도 필요합니다. 왜 안 되는 것인지 고민하는 시간도 필요합니다. 방법이 잘못된 것인지 내가 원하는 것이 아닌지 들여다보는 시간도 필요합니다.

타인이 내 인생에 맞는 정답을 주는 것은 어렵습니다. 타인도 들여다보면 본인 인생 살아가느라 정신이 없습니다. 본인이 직접 길을 걸어가며 정답을 찾아가는 것입니다. 젊어서 편안함에 안주해버리면 안 됩니다. 안주해버리는 만큼 자신을 찾는 시간도 길어질 수밖에 없습니다.

젊음은 그 자체가 기회입니다. 그 기회를 타인의 손에 맡겨버리면 안 됩니다. 실패의 위험을 감수하고 모험을 할 수 있는 때가 젊을 때입니다. 20대, 30대에게는 이것이 식상한 표현일지도 모르겠습니다.

하지만 한번 주변을 둘러보세요. 50대, 60대에도 한창 젊은이처럼 끊임없이 새로운 도전을 시도하며 사는 분들도 많습니다. 생각이 젊으니 그동안 상상도 못 했던 도전을 하고 성취를 이뤄내고 있습니다. 만약 20대가 젊음이라는 기회를 날려버리고 있다면 60대보다 늙은이처럼 살고 있는 거나 마찬가지입니다.

인생의 진가는 모험할 수 있는 용기에서 옵니다. 앞날이 보장되어 있지 않아도 신념과 확신으로 도전해서 성공을 쟁취한 케이스는 너무나 많이 있습니다. 핸드폰을 열고 손가락 몇 개만 움직여봐도 아주 쉽게 찾을 수 있습니다. 그런 사람들을 보며 '저 사람이니까 가능했지'라고 말하지 마세요. '운이 좋아 대박이 났다'고 치부하지 마세요.

타인에게 길을 물을 시간에 묵묵히 자신의 길을 찾은 사람들이 낸 결과물입니다. 주변의 시선이나 말에 의식하지 않고 용기를 내어 모험한 사람들이 얻은 성취입니다. 남들의 '충고와 조언' 판단에 휘둘리지 않고 자신의 판단을 믿고 움직인 사람들입니다.

좋은 직장에 들어가 편안하고 안정적으로 살 수도 있습니다. 좋은 직장에 들어가는 것도 쉬운 일은 아닙니다. 그러나 좋은 직장을 스스로 만들어 내는 사람도 있습니다. 한 번뿐인 젊은 날, 이왕이면 위험을 감수하고 두려움을 이겨내는 법을 배우기를 바랍니다. 누구나 두려움을 느낍니다. 나이가 들고 경험이 쌓인다고 해서 두려움이 사라지는 것이 아닙니다.

두려움을 마주하고 용기를 내는 그 과정 중에 생각하지 못했던 많은 것들을 얻게 될 것입니다. 자신의 길을 걸어본 사람들은 혹여 길을 잃어도 좌절하지 않습니다. 다시 길을 찾을 수 있기 때문입니다. 넘어져 봤기에 다시 일어날 수 있고 걸어 봤기에 다시 걸을 수 있기 때문입니다.

많은 사람들이 자기가 하고 있는 일에서 1등 하기를 원하지만 그렇게 될 수 없습니다. 세상에 1등은 단 한 사람뿐입니다. 모두가 원하는 1등을 모든 사람들이 할 수는 없습니다. 하지만 세상 모든 사람들이 다 같이 1등 할 수 있는 방법이 있습니다. 어제의 삶보다 더 나은 오늘의 삶을 사는 사람이 1등 인생입니다.

두려움을 이겨내고 도전하는 것, 자신을 찾아가고 확신해 가는 것, 그래서 삶의 이유를 알고 넘어졌을 때 언제든 다시 일어서게 하는 힘. 그것이 우리를 우리의 삶에서 1등으로 만듭니다.

03

무게를 버티는 힘, 기본

　　　　　　　　　　오래전 일입니다. 친구가 시골에 낡고 오래된 작은 건물을 하나를 샀다며 제게 리모델링을 해달라고 요청이 왔습니다. 금전이 부족하니 가볍게 천장과 바닥에 훼손된 일부분만 교체하면 좋겠다고 합니다.
　저는 건물설계도를 보고 나서 안전 진단을 해 봤는지 물었습니다. 친구는 의외라는 듯이 건물이 멀쩡해서 괜찮을 것 같다고 합니다. 아예 그런 생각조차 하지 않았다고 하기에 저는 말로는 안 될 것 같아서 직접 찾아갔습니다.

　겉모습은 페인트도 잘 칠해져 있고 괜찮았습니다. 친구와 같이 안으로 들어가 천장을 뜯어봤더니 천장보가 금이 가 있었고 천장에는 누수된 흔적이 있었습니다. 그리고 옥상으로 올라가니 옥상 바닥도 많이 갈라져 있었습니다.

친구는 깜짝 놀라면서 돈이 크게 들어가지 않겠느냐고 물었습니다. 돈은 많이 들지 않으니 제대로 보강하고, 넓히기 위해 벽을 헐어내는 일은 하지 말라며 리모델링에 대해 조언을 해주었습니다.

보통 오래된 건물을 사면 필히 천장을 뜯어보아서 보가 금이 갔는지 누수가 없는지 배관은 문제가 없는지 꼼꼼하게 살펴야 합니다. 아무리 겉이 멀쩡해도 골조나 방수 배관에 문제가 있으면 안전에 문제가 생깁니다. 골조가 튼튼해야 리모델링을 해도 안전합니다. 심하다 싶으면 반드시 안전 진단을 받아보는 것이 좋습니다.

건물의 기본은 기초와 골조입니다. 기초와 골조를 튼튼하게 해야 건물의 하중을 잘 견딜 수 있습니다. 건물을 설계할 때는 철근과 콘크리트 기본 무게에 사람이 얼마나 유입되고 어느 정도의 물건들이 들어오는지 계산합니다. 설계하는 걸 보면 기가 막힐 정도로 치밀하게 합니다.

사용되는 용도에 따라 10톤 하중을 견디느냐, 100톤 하중을 견디느냐에 맞추어 설계됩니다. 더 많은 하중을 견뎌야 할수록 철근도 더 들어가고 기둥도 굵어집니다. 이렇게 기본기를 튼튼하게 다져놓아야 사람들이 마음 놓고 사용할 수 있습니다.

　기본은 아무리 강조해도 모자라지 않습니다. 기본이 제대로 안 돼 있으면 없으면 건물만 무너지는 것이 아닙니다. 사람도 기본기가 약하면 무너집니다. 마음이 약해서 마음이 무너지기도 하고 정신이 약해서 정신이 무너지기도 합니다. 자포자기도 하고 삶의 무게를 견디다 못해 스스로 생을 마감하기도 합니다. 세상을 살아가기 위해 필요한 정신적 바탕의 기본이 없으면, 세상의 무게를 감당하지 못하고 주저앉게 됩니다.

　항상 사람은 자기가 살고 있는 '현재'가 기준이 됩니다. 현재 상태를 보고 판단하는 겁니다. 병원에서 몸 상태를 체크할 때, 면밀하게 살피는 것처럼 현재 상황을 잘 살펴야 합니다.

　물건을 살 때도 능력에 따라 감당할 수 있는 범위가 다릅니다. 사고 싶다고 현실과 무관하게 카드를 긁어버리면 안됩니다. 연봉 1억이 되는 사람과 아르바이트를 하는 사람은 수입이 다릅니다. 월 100만 원을 버는 사람이 월 200만 원 버는 사람처럼 지출하려 한다면 지출의 하중을 버티지 못하고 무너집니다. 그래서 자기가 내가 어떤 사람인지 스스로 잘 아는 것은 대단히 중요합니다. 그것을 알아야 다음 스텝을 밟을 수 있기 때문입니다.

　물건을 사고 돈을 쓸 때만이 아닙니다. 직업을 선택하거나 공부를 할 때도, 결혼을 하고 사업을 할 때에도 본인의 성향과 능력에 맞추어 판단해야 합니다. 돈이 필요해 빌릴 때도 상환 능력을 고려해야 합니다. 갚을 수 있는 능력이 있느냐, 그것이 하중을 견디는 겁니다. 달도 차면 기운다고 본인이 감당할 수 없는 수위면 언제고 무너질 수밖에 없습니다.

모든 운동의 기본은 육상과 체력이라고 합니다. 아무리 기술이 좋아도 힘이 있어야 하고 움직임이 빨라야 운동을 잘할 수 있기 때문입니다. 하체가 튼튼해야 다른 운동들을 소화할 수 있습니다. 사람이 배추 뿌리처럼 상체가 크고 다리가 가늘면 가분수처럼 흔들립니다. 중심을 못 잡고 쓰러지기 쉽습니다. 그뿐이 아닙니다. 운동할 때 기본자세라고 하지요. 제대로 된 기본자세를 숙지하지 않고 운동을 하면 운동 효과가 떨어지고 다치기 십상입니다. 그래서 기본이 중요합니다.

기초가 튼튼하고 근본이 바로 서있지 않으면 그 위에 아무리 화려하게 집을 지어도 쓰러집니다. 모래 위에 집을 짓는 격입니다. 조금만 충격이 와도 훌렁 넘어가 버립니다.

우리 모두 각자마다의 기본이 있습니다.
체력도, 외모도, 능력도, 환경도 다 다릅니다.
기본이 같은 기준일 수는 없습니다. 그래서 기본이라는 것은 지금 현재 우리의 상태입니다. 모든 일은 현재 여기서 출발합니다. 머리에 든 것, 입고 있는 것, 가진 것, 몸으로 익힌 것들이 나의 기초가 되고 골조가 되어 기본을 구성하고 있습니다. 오늘 현시점에 내가 가지고 있는 것이 기본입니다.

먼저 기본기를 탄탄하게 하기 위해서 무엇이 필요한지 자신이 알고 필요한 것을 배우고 습득해야 합니다. 몸에 칼슘이라는 영양소가 부족하다면 그 영양소를 공급해줘야 합니다. 관절이 안 좋다면 관절에 좋은 음식과 운동을 병행해야 합니다. 당뇨가 있다면 당뇨를 줄일 수 있는 방법을 찾아야 합니다. 각자에게 맞는 처방이 무엇인지 파악해야 합니다.

현명한 배우자를 만나고 싶다면 그에 어울릴 만한 사람이 되어야 합니다. 연봉을 올리고 싶다면 유능한 사원이 되기 위해 업무 능력에서 무엇이 부족한지 알아야 합니다. 인간관계를 개선하고 싶다면 자신의 행동과 대화법을 돌아봐야 합니다.

어제 배운 것이 있다면 오늘 그만큼 올라간 것입니다. 어제 배운 것을 가지고 오늘 판단할 수 있는 것입니다. 배운 만큼 어제의 판단과 오늘의 판단이 달라지겠지요.

자기가 가지고 있는 그 지점에서 모든 것을 판단하는 겁니다. 기본이라는 것은 어머니 배 속에서 나오는 그 순간부터 오늘 이 시간까지 배우고 익히고 습득한 모든 것이 종합된 자기 자신 그 자체입니다. 그래서 저는 오늘도 배웁니다. 오늘보다 더 나은 내일을 위해 오늘도 배우고 내일도 배울 겁니다. 어떤 배움도 늦은 건 없습니다.

04

다스림에 달려있다

어릴 적 교회에 가면 성경을 펴고 맨 앞 장부터 읽어 내려가곤 했습니다.

하나님의 존재가 크게 와 닿지는 않았지만 하나님이 천지를 창조하시는 말씀은 저를 가슴 뛰게 했습니다.

특히 인간을 만드시는 장면은 저를 숨죽이게 했습니다. 성경 앞부분 창세기를 보면 다음과 같은 구절이 나옵니다.

창세기 1장 27~28절
" 하나님이 자기 형상 곧 하나님의 형상대로 사람을 창조하시되 남자와 여자를 창조하시고 하나님이 그들에게 복을 주시며 하나님이 그들에게 이르시되 생육하고 번성하여 땅에 충만하라, 땅을 정복하라,

바다의 고기와 하늘의 새와 땅에 움직이는 모든 생물을 다스리라 하시니라."

사람은 하나님의 형상대로 만들어졌고, 하나님이 사람의 코에 생명을 불어 넣었다고 말씀하십니다. 이걸 봐서는 우리 마음속에 하나님의 마음이 있는 것이 틀림없는 것 같습니다. 하나님은 인간을 만드시고 땅과 바다와 공중에 있는 모든 것을 다스리라고 하셨습니다. 너무 멋진 말씀입니다. 하나님은 사람에게 모든 것을 허락하시고 이 모든 것을 주셨습니다. 안 주신 것이 없습니다. 그리고 다스리라 말씀하십니다.

광물이 됐건 생물이 됐건 이 지구상에 없는 게 없다고 합니다. 땅에 있는 것이 또 바다에 있다고 합니다. 땅의 표범이 있듯이 바다표범도 있고 땅의 사자가 있듯이 바다사자가 있다는 겁니다.

문제는 우리가 가지고 있는 것을 어떻게 다스리느냐입니다.

간혹 이런 말을 하는 사람들이 있습니다. '나는 가진 게 없다', '내게는 아무것도 없다' 아무것도 없는 사람은 없습니다. 우리에게는 최소한 우리의 몸이 있습니다. 제일 귀하고 큰 것입니다. 그 외는 작고 큼의 문제이지, 다 있습니다. 나는 돈이 진짜 없다고 말하는 분이 있을지 모릅니다. 적은 돈이냐, 큰 돈이냐의 문제입니다.

시간도 모두에게 똑같은 시간입니다. 그러나 시간을 어떻게 쓰고 어떻게 다스리느냐가 문제입니다. 돈에 끌려가지 말고 돈을 다스려야 합니다. 돈에 끌려다니면 돈, 돈 하면서 평생 돈만 좇다가 쓰지도 못하고 죽습니다.

지식도 다스려야지, 그렇지 않으면 평생 배우기만 하다가 써 보지도 못하고 죽습니다.

내가 가진 것이 무엇인가 들여다보면 작습니다. 너무 작아서 가끔 아예 없는 것처럼 보이기도 합니다. 친구들은 강남의 빌딩을 가진 남편이랑 산다고 하던데, 누구는 능력이 좋아서 벌써 몇십억을 모으고 인생 즐기면서 산다는데, 나는 혼자 이 고생을 하면서 뭐 하는 건가……. 별생각을 다 할 수 있습니다. 타인과 비교하면 더 작아져서 폄하도 할 수 있고 낙심, 자책도 할 수 있습니다. 그러나 모든 시작은 하나에서 시작합니다. 인간의 창조도 하나에서부터 시작한 것과 마찬가지입니다. 천 리 길도 한걸음부터라고 모든 것은 하나에서부터 시작합니다.

종교도 한 사람에서부터 시작했습니다. 불교는 부처님, 기독교는 예수님 한 분으로 시작됐습니다. 혁명도 한 사람의 생각으로부터 시작됐습니다. 인간은 그렇게 위대합니다. 그것이 바로 자신의 몸입니다.

시작이 굉장히 중요합니다. 어떠한 마음을 가지고 내 몸을 어떻게 다스리고 쓰는가에서부터 달라집니다.

진짜 문제는 다스리는 것에 있습니다. 작은 것이라도 이것을 어떻게 관리하느냐는 것입니다. 정주영 회장도, 이건희 회장도 시작은 1원부터 시작했습니다. 처음 돈을 벌기 시작할 때부터 큰돈을 만진 것이 아닙니다. 그 1원을 어떻게 다스리느냐가 앞으로 얼마를 다스릴 수 있게 되느냐를 좌우합니다. 1원을 천금처럼 생각하고 다스리면 부를 이룰 수 있습니다.

자녀를 키울 때도 마찬가지입니다. 작은 능력을 보고 잘 키워주는 것이 중요합니다. 배 속에서부터 배우고 나오자마자 처음부터 잘하는 사람은 없습니다.

처음에는 잘 못하지만 잘못된 것을 바로잡아주는 것이 중요합니다. 잘 못한다고 책망하면 낙심하고 포기해버립니다. 크고 나서 바로 잡으려면 이미 늦은 겁니다. 큰사람으로 키우기 위해서는 작은 능력을 크게 보고 어릴 때부터 가르쳐 소소한 것부터 잘 잡아주어야 합니다.

시작은 항상 작고 미약합니다. 스스로 생각해도 작고 초라할 것이고 다른 사람이 보면 더 초라하게 보일 것입니다.

그런데 작은 것에서부터 모든 것이 시작합니다. 오죽하면 예수께서 '겨자씨만 한 믿음'이라고 했겠습니까? 겨자씨만 한 믿음에서 시작되기 때문입니다. 내가 지금은 작더라도 크게 될 수 있다는 확신과 믿음을 가지고 이 작은 것들을 소중하게 여기는 마음을 가져야 합니다. 자신을 얼마나 믿느냐에 성공이 판가름 납니다. 1원을 소홀히 여기면 1원 때문에 고통을 받게 됩니다.

가장 중요하게 다스려야 할 것은 바로 자신입니다. 자신을 잘 다스려야 합니다.

제가 사는 시골은 워낙 작은 동네라 소박한 가게가 하나 생겨도 소문이 금방 납니다. '저 사람 참 괜찮더라' 이 소리가 나오기 시작하면 장사가 슬슬 잘됩니다. 장사가 아무리 잘되고 사업이 잘 굴러간다 싶어도 '저 사람 싸가지가 없어. 기본이 안 되어 있어.'라는 말이 나오면 주변에 사람이 끊어지고 오래 못 가 망합니다. 사업의 흥망성쇠도 자신의 관리에서 승패가 갈리게 됩니다.

작은 행동, 작은 배려, 작은 관심에서 시작됩니다. 작은 것이라도 크게 보고 아끼고 자신의 몸을 잘 다스리는 것이 성공과 부와 명예의 시작입니다.

크게 성공해서 사람들에게 유익을 주는 분들도 있습니다. 그분들도 결국 1에서 시작한 사람들입니다. 핸드폰 안에 세상을 움직이는 힘을 담아 전 세계에 제공한 스티브 잡스나, 자동차나 비행기를 발명해서 세계를 하나로 연결한 분도 있습니다.

그러나 이런 분들만 위대한 게 아닙니다. '각박한 세상이지만 살 만하다'라고 느껴지게 하는 사람들이 있습니다. 사실 그런 것들은 아주 작게 보일지 모르지만 우리에게는 큰 힘이 됩니다.

가끔 뉴스에서 훈훈한 소식을 듣게 됩니다. 치매 걸린 할머니가 맨발로 폐지 줍는 것을 보고 한 여학생이 자신의 신발을 벗어 할머니에게 신겨준 일이 있었습니다. 저는 한동안 텔레비전에서 눈을 떼지 못했습니다.

한 남학생은 5천만 원 현금이 든 가방을 발견하고서 경찰서에 뛰어가 주인을 찾아달라고 했습니다. 강원도에 난 산불을 끄러 전라남도 해남에서 올라온 소방관들에게 감사하다고 손편지와 함께 닭갈비를 배달한 분도 있습니다. 이분들은 자신의 몸을 잘 다스릴 줄 아는 분들입니다. 이런 소식을 듣기만 해도 가슴 한구석이 뭉클하게 뜨거워집니다.

이런 분들은 가진 것이 크나 작으나 능력이 있으나 없으나 상관없이, 자신의 것을 다스릴 줄 아는 사람들입니다. 너무나 작은 것들이 모여 우리가 사는 현실 세계를 이루고 있습니다. 실제 감동을 주고 삶을 변화시키는 것들은 이렇게 사소한 것으로부터 시작됩니다. 아무것도 아닌 것처럼 스스로 느껴질지라도 자신에게 이런 사소한 관심과 정성을 들인다면 우리의 몸이 먼저 반응하기 시작할 것입니다.

05

해 봐야 안다

시골에 살다 보니 농사일을 배우는 것은 선택 사항이 아니라 필수였습니다.

스무 살이 되기 전이었습니다. 아버지께서 소를 가지고 가서 밭을 갈고 오라 하셨습니다. 실제로 한 번도 해 보지 않았지만 어려서부터 수없이 봐온 것이기 때문에 자신이 있었습니다.

쟁기를 챙기고 소를 몰고 밭으로 가는데 아버지께서 따라오셨습니다. 밭에 와서 소에 멍에를 메우는데 막상 해보니 어떻게 해야 하는지 잘 모르겠는 겁니다. 수백 번은 본 것 같은데 직접 해보려 하니 할 수가 없었습니다. 멀리서 지켜보시던 아버지가 말없이 다가와 소에 멍

에를 메우셨습니다.

　밭을 갈아 보라고 하시고 뒷짐을 지셨습니다. 저는 밭을 잘 갈 수 있을 것 같다고 큰소리를 치면서 쟁기를 잡았습니다. 소에게 가라고 '이려~!' 하고 신호를 보냈습니다. 분명히 봤던 대로 한 건데 불과 몇 미터도 나아가지를 못했습니다. 소는 소대로, 쟁기는 쟁기대로, 나는 나대로 움직이고 있었습니다. 도대체 뭘 어떻게 해야 할지 정신이 없었습니다. 아버지께서 하시는 것을 보니 자연스럽게 쟁기만 잡고 있으면 밭이랑이 제대로 반듯하게 되었습니다. 농사일 중에서 가장 쉬운 일처럼 보였습니다. 그런데 제가 직접 해 보니 쉬운 것이 아니었습니다.

　아버지께서 한마디 하셨습니다.

　"남이 하니까 쉬워 보이는 거다. 일이란 게 막상 해보면 쉬운 일이 없다. 그래서 남이 하는 일에 함부로 참견하지 말고 말하지 말아라."

　나이를 먹다 보니 날이 갈수록 아버지 말씀이 깊게 와닿습니다.

　딸이 9살, 아들이 5살일 때 즈음, 온 가족이 모여서 함께 월드컵 중계를 보고 있었습니다. 축구경기가 시작된 지 얼마 되지 않아 온 가족이 축구 감독이 되어 있었습니다.

"저기서 저렇게 차면 안 되지."
"이 공간이 비어 있는데 그쪽으로 움직이면 어떻게 해?"
"심판이 제정신인가? 저건 패널티가 아니잖아!"
"저 선수는 왜 걸어 다녀?"
"패스를 왜 못 받아?"
"이건 축구가 아닌데? 야구하나 봐!"

아주 난리가 났습니다. 그래도 아들과 저는 축구를 해 본 적이라도 있습니다. 딸과 부인은 평생 축구공 한번 차본 적이 없습니다. 그럼에도 아들과 저보다 더 흥분했습니다.

우리나라에서 국가대표 선수로 뽑혀서 월드컵에 나갈 정도면 최소한 본인들보다는 잘하지 않겠습니까? 선수들을 향해 못한다고, 심판이 판단을 잘못했다고, 종목 이름을 바꿔야 한다고 이것저것 열심히 지적하고 있었습니다. 들어보면 틀린 말이 없습니다. 우리 집에 축구 감독이 함께 살고 있는 줄 그날 처음 알게 되었습니다.

간혹 우리는 남이 하는 것을 쉽게 말하는 오류를 범하고 살아갑니다. 실제 해 보라 하면 만분의 일도 못 할 겁니다. 그런데 말은 쉽게 합니다.

빠른 속도로 차량이 지나가는 대로변에서 청소를 하고, 높은 건설 현장에서 일하고, 외진 시골에서 농사를 짓는 것이 쉬워 보일 수 있을지 모릅니다. 기술이 없이 그냥 하는 것 같지만 작업을 하는 사람마다 다 요령이 있습니다. 누군가 삽질을 하고 있다면 삽질은 기술이 없어도 쉽게 하는 것이라고 생각할 수 있습니다. 하지만 본인이 직접 해 보면 5분도 안 되어 땀이 나고, 어깨가 천근만근 무거워지고, 허리가 아픕니다.

요령이라는 것도 하루아침에 새 몸에 익혀지는 것이 아닙니다. 수백 수천 번 같은 행위를 반복하면서 몸에 익혀가는 과정 중 조금씩 더 수월하게 일하는 방법을 깨닫게 되는 겁니다. 사소한 일이라도 몇 달을 해 봐야 겨우 익히게 됩니다. 몇 년은 해 봐야 좀 한다는 소리를 듣고 10년은 매진해야 그 분야의 전문가 대열로 올라갈 수 있는 겁니다. 저는 후배들이나 지인들에게 적어도 10년 정도는 그 일을 해 보고 그 분야에 대해서 말을 하라고 권합니다.

무슨 일이든 잘하는 것이 쉬운 것이 아닙니다. 그 단계까지 가기 위해 엄청난 시간과 노력이 필요합니다. 전문가들은 신의 경지에 오른 사람들입니다.

프랑스 축구 선수 중 지단이라는 선수는 축구계에 '아트 사커'라는 개념을 심어준 전설적인 인물로 꼽힙니다. 불교 용어로 표현하자면, 축구를 예술의 경지로 승화시켜 해탈을 한 것입니다. 고기를 잡든지,

고기를 썰든지, 무슨 일을 하든지 해탈의 경지까지 가야 일을 편안하게 할 수 있습니다.

자기가 하는 일이 손에 익숙하고 편안해지려면 책상에 앉아 책을 많이 읽고 어려운 이론을 배운다고 되는 것이 아닙니다. 직접 몸으로 부딪치며 손수 해 봐야 합니다. 몸으로 해 보면 완전히 다릅니다. 머리로는 다 할 수 있을 것만 같습니다. 그러나 관련 지식을 머리에 쌓아둔다고 그게 몸으로 그냥 나오는 것이 아닙니다.

책을 읽고 무엇인가 배우고 익히는 것은 삶을 바꾸기 위해서이지 지식을 쌓기 위함이 아닙니다.

한석봉의 어머니가 등불을 끄고 떡을 썰듯이, 배운 것이 현장에서 나와야 제대로 배운 것이고 삶을 바꿀 수 있습니다.

머릿속으로는 기상천외한 별천지 세상을 뚝딱뚝딱 만들었다 허물었다 할 수 있습니다. 눈 감고 상상만 하면 됩니다. 달나라에 못 가겠습니까? 화성에 못 가겠습니까? '이런 차를 가지고 싶다, 이런 집에서 살고 싶다, 이런 곳에 가고 싶다.' 머릿속에서 상상하는 것은 불가능이 없습니다. 하지만 현실 세계에서 구현되려면 몸이 움직여야지 상상만으로 되겠습니까?

저와 같이 일을 하는 석공 한 분이 있습니다. 오랜 시간 함께 일을 해 왔지만, 이분이 돌을 자르는 것을 볼 때마다 신기하기만 합니다.

제가 나무 자르는 것보다 빠르고 곧게 돌을 자릅니다. 마치 바게트를 썰 듯 아주 쉽게 다룹니다. 옆에서 보고 있으면 탄성이 절로 나옵니다.

면허를 따서 장롱 속 깊숙이 20년을 묵혀둔 사람이 무사고 20년이라고 착각합니다. 자동차 운전면허시험에 합격만 한다고 사고가 안 납니까? 운전면허는 사고 안 난다는 무사고 운전면허가 아니라 운전할 수 있다는 허가증에 불과합니다. 운전면허를 가졌으니 사고 안 날 것이라고 착각하면 안 됩니다. 운전 경력이 10년이든 50년이든 항상 조심해야 하는 것이 운전입니다. 그런데 면허증만 땄다고 운전을 잘할 수 있다고 착각하는 사람들이 많습니다.

사람들도 사고 경험이 있는 운전 경험자보다 20년 동안 면허증을 장롱 속에 넣어두고 20년 무사고를 주장하는 운전자를 더 신뢰할 확률이 높습니다.

세상에는 이처럼 장롱 면허를 가진 사람들이 많습니다. 하지만 자동차 이론을 수십 년 가르친 사람보다 현장에서 직접 운전한 사람이 운전은 더 잘합니다. 몸에 익혀진 감각이 되었기 때문입니다.

아버지가 소를 모는 것을 제가 수백 번 쳐다보는 것보다 한번 직접 해보는 것이 빠릅니다. 이렇게 하니까 안 되는구나, 저렇게 하니까 되는구나 하며 알아가는 것이 진짜 지식입니다. 안 되면 왜 안 되는지 생각하고 달리 해 보면서 실력이 늘어가는 겁니다. 진짜 지식은 몸으로 할 수 있는 것이 지식입니다.

　무언가 얻기 위해 몸부림쳐 본 기억들이 각자 있을 겁니다. 본인이 그 하나를 잘 해내기 위해 노력하며 터득했던 것을 떠올려 보세요. 다른 사람들도 각자의 영역에서 그 하나를 잘 해내기 위해 당신과 같은 노력을 기울였다는 사실을 잊으면 안 됩니다.

　지루하지만 수없이 반복하고 노력하지 않으면 실패하고 실수합니다. 신경 써서 하는 말이 막말이 되고, 신경 써서 끓인 라면마저 맛이 없습니다. 지루하지만 죽어라 수없이 반복하고 노력한 사람은 아무렇게나 말해도 명언이 되고 아무렇게나 차도 골인이 되며, 연습처럼 쳐도 홈런입니다.

　막상 해 보면 쉬운 일은 없습니다. 처음부터 쉽게 하는 사람은 아무도 없습니다. 인간은 누구나 각자의 재능을 가지고 태어나지만, 태어나면서부터 잘하는 사람은 없기 때문입니다.

　동서고금을 막론하고 답은 책상에 있는 것이 아닙니다. 바로 현장에 있습니다.
　모든 일은 현장에서 일어나고, 답도 현장에 있습니다.
　움직이고, 터득하고, 발견하고 성장하는 장. 그곳이 현장입니다.
　인생의 실패와 성공이 일어나는 곳. 바로 현장입니다.

06

자신을 아는 것이
최고의 통찰이다

사람은 덩그러니 세상에 태어나 아는 것보다는 모르는 것이 많은 채로 살아나갑니다. 예나 지금이나 똑같습니다. '어떻게 인생을 살아가야 하는가'에 대한 고민은 누구나 한번쯤 해봤을 것입니다. 시대가 발전할수록, 삶이 풍요로워질수록 자신의 인생길을 묻는 사람이 많아지는 듯합니다.

좋은 대학에 가기 위해서 십수 년을 공부합니다. 좋은 직장에 가기 위해 전문 분야의 스킬을 익히고 자격증 공부를 합니다. 그런데 정작 중요한 자신에 대해서는 공부하지 않습니다. 진짜 해야 할 공부는 자신에 대한 공부입니다.

내가 좋아하는 것이 무엇이고 내가 싫어하는 것이 무엇인지 본인이 제일 잘 알고 있습니다. 가장 중요한 핵심은 내가 가장 잘하는 것을 찾는 것입니다. 좋아하는 것을 모르면 싫어하는 것부터 골라서 버리면 됩니다. 자신을 알기 위해서는 자신을 공부해야 합니다.

　오늘 배운 것이 있다면 오늘 아니면 내일 써봐야 합니다. 배운 것을 써보지 않고 계속 배우기만 하는 것은 돈을 벌어 수십억을 쌓아놓고도 쓰지 못하고 먹지 못하고 길거리로 다시 나가는 격입니다. 실제로 실전에서 관심 있는 것에 부딪혀 봐야 합니다. 그래야 압니다. 좋아하는 것에 도전해 보고 배운 것을 써먹으면서 스스로 알아가는 것입니다. 좋아하는 것이 없고 관심 있는 것이 없다면 할 수 있는 것부터 시작해 보는 겁니다.

　대학생 정도 되면 내가 나가야 할 큰 방향은 정할 수 있어야 합니다. 남에게 물어볼 게 없습니다. 이 사람 저 사람 쫓아다니며 물어봐도 자기를 자기만큼 아는 사람이 없습니다. 자기 인생이 가야 할 길을 다른 사람에게 묻곤 하는데, 부모님에게 물으면 부모님이 생각한 인생길을 이야기해 주겠지요. 선배에게 물으면 선배가 생각한 인생길을 이야기해 주겠지요. 자신이 생각한 인생길이 아닙니다.

　부모님이라고 학교 선생님이라고 인생길 고민을 안 해 보셨겠습니까? 고민에 고민을 반복하며 시행착오를 겪으며 살고 계신 겁니다. 본인 스스로 잘 살아왔다고, 성공한 인생이라고 자신 있게 말씀할 수 있는 분은 몇 안 될 겁니다. 자기 인생을 세상 어떤 사람이 자신만큼 잘 알고 자신만큼 사랑하겠습니까? 그런데 왜 그럴까요? 자신을 알지 못하고 자신이 없으니 자꾸 타인에게 묻습니다. 길을 모르는 사람이 길을 모르는 사람에게 묻는 겁니다.

저는 어려서부터 그런 확신이 있었습니다. 나보다 나를 더 잘 아는 사람은 없다는 확신 말입니다. 그래서 한 번도 제 진로를 누군가에게 물어본 적이 없습니다. 제게 이렇게 말하는 사람도 있을지 모릅니다. "당신 말이지, 그 진로를 물어봤으면 지금보다 더 잘 살 수 있었을지도 몰라."라고……. 맞는 말입니다. 그런데 더 못 살았을지도 모릅니다.

역사가 가정이 없듯이 인생도 가정이 없습니다. 내 길을 다른 사람이 판단할 수 없다는 겁니다.

다른 사람들은 내 능력과 상관없는 길을 제시합니다. 제가 어떤 문제를 가지고 시험을 해 봤습니다. 이런 일이 생겼는데 이 일을 어떻게 풀면 되겠냐고 여러 사람에게 자문을 받아 보았습니다. 물어보는 사람마다 처방이 달랐습니다. 그 사람의 현재 상황과 경험과 인생관과 배운 것을 토대로 나온 처방이었습니다. 저에게 맞는 처방전이 아니었던 것입니다.

결국은 스스로 판단해야 합니다. 나는 내가 더 잘 알기 때문입니다. 스스로 판단하고 결정하고 선택해야 후회가 없습니다. 혹여 그것이 실수일지라도 실수로부터 배웁니다. 잘못된 선택일지라도 스스로 내린 결정이기에 온전히 자신이 책임을 지고 다음 스텝으로 넘어갈 수 있습니다. 타인에 의한 선택은 결과가 안 좋으면 남 탓할 수밖에 없습니다. '누구 때문에 내 인생이 이렇게 됐다, 괜히 저 말을 들어서 내가 인생이 꼬였다' 하게 됩니다. 아무도 내 인생을 대신 책임져주지 않습니다. 작든 크든 흥하든 망하든 스스로 생각하고 움직여야 인생이 내 것이 됩니다.

다른 사람에게 제 앞날을 물어보면 사람들이 제 실제 형편보다 좋은 것을 알려줍니다. 하지만 좋은 것을 알려준다고 제가 그것을 할 수 있습니까? 할 수 없습니다. 좋은 물건 사라고 알려준다고 해도 내가 돈이 부족하면 살 수 없는 격입니다. 또는 돈이 없는데도 좋은 물건이 있으면 현실과 관계없이 카드를 긁어버리는 격입니다. 자기가 자기 스스로를 잘 아는 것이 무엇보다 중요합니다. 본인이 가지고 있는 능력을 잘 알아야 합니다.

자신을 아는 것은 마치 축구를 할 때 날아오는 볼을 어느 방향으로, 어느 각도로 어느 세기로 찰 것인지를 판단하는 것과 같습니다. 내가 지금까지 경험한 것을 내가 가지고 있는 모든 지식과 감각을 총동원해 가장 적절하게 최선의 판단을 하는 것입니다. 사건을 판단하는 것이 통찰력이며, 문제의 핵심과 본질을 꿰뚫어 보는 능력이 통찰력입니다. 통찰력을 키워야 합니다.

인공지능 알파고와 이세돌의 경기를 기억하십니까? 굳이 표현한다면, 알파고는 10,000명의 이세돌이 들어 있는 겁니다. 한 점 놓는 데 10,000명의 이세돌이 몇 초 안에 회의를 해서 가장 좋은 곳에 한 수를 놓는 것입니다. 그것이 통찰입니다.

삶은 판단의 연속입니다. 통찰력을 가지고 있는 사람은 그렇지 못한 사람보다 항상 앞서게 됩니다. 통찰력을 키우기 위해서는 항상 배워야 하고, 자기가 가지고 있는 것이 무엇인지 알아야 합니다. 무엇을 좋아하고 싫어하는지부터 시작해서 자신의 장점과 단점에 이르기까지 파악해야 합니다. 배우고 습득하는 경험과 지식을 창고에 쌓아놓지 마세요. 내게 담겨 있는 것들이 실제로 어떻게 작동이 되나 해봐야 합니다. 내 안에 있는 것들을 꺼내 봐야 합니다.

통찰력이 작동하지 않으면 항상 주물럭주물럭하다가 시간을 다 보냅니다. 경매장에 가 보면 통찰력이 얼마나 중요한지 쉽게 확인할 수 있습니다. 조금이라도 늦게 판단하면 좋은 물건을 살 수 없고 사더라도 비싸게 사기 때문입니다. 기업도 이게 좋을까 저게 좋을까 확신이 안 서 갈팡질팡하는 순간 다른 기업이 치고 들어옵니다. 좋은 아이디어가 떠올랐어도 바로 시작하지 않으면 이미 시작한 사람이 있어 기회를 놓치기도 합니다.

통찰력이 없는 사람은 자기가 어떤 경험을 하고 무엇을 배웠는지 알지 못합니다. 그러나 배우지 못한 사람이 없고 경험이 없는 사람이 없습니다. '나는 이것도 모르나?', '언제쯤 돼야 잘할 수 있을까?' 라고 생각하지만, 그럴 것 없습니다. 이런 하소연할 시간에 자신이 가진 능력을 찾아내고 끄집어내야 합니다.

모르면 오늘 배우면 됩니다. 배우고 써먹고 해보는 겁니다. 그러면 오늘 배운 만큼 내일은 차원 높은 판단을 할 수 있습니다. 생각보다 많은 사람들이 자신이 가진 잠재력을 발견하지 못하고 있습니다. 이것을 잊지 말아야 합니다. 이미 다 당신 안에 담겨 있습니다. 자기 자신으로서 살아가는 사람은 어떤 상황에서도 자신이 할 수 있는 일을 기어코 찾아냅니다. 그것이 자기답게 살아가는 겁니다.

07

시간은 금 이상이다

백 세 시대가 열렸다고 합니다. 인생 백 년이라고 하지만 진짜 백 년을 살까 생각이 들었습니다.

확실하게 백 년을 산다고 하지만 실제로는 몇 년을 사는 것일까요? 시간이 많은 것 같지만 정작 원하는 일을 할 시간은 얼마 되지 않는 것 같습니다. 어릴 때는 부모 품에 있으며 성장합니다. 대학까지 공부하고 군대 다녀와서 졸업하고 취업 준비하다 보면 30살은 금방입니다. 30대부터 일한다고 해도 길어야 30년 정도 일합니다. 요즘은 정년퇴임이 50대 중반이라고 합니다. 말이 좋아 정년퇴임이지 그전에 해고되기도 하고 스스로 그만두고 나오기도 합니다. 그나마 정규직 채용도 줄어들어 일자리를 구하기도 힘든 시대입니다. 60대부터 나머지 30년은 나에게 주어진 덤이라고 생각하면서 인생 마무리하면서 사는 것입니다.

　하루를 놓고 보면 더 기가 막힙니다. 하루 24시간 중에 잠자는 시간이 7시간, 일어나서 준비하는 시간, 이동하는 시간, 밥 먹는 시간, 쉬는 시간, 전화 받는 시간, 대화하는 시간, 핸드폰 보는 시간, 커피 마시는 시간을 빼면 실제 일하는 시간은 얼마 되지 않습니다. 직장에 다니지 않더라도 본인이 하루의 시간을 어떻게 운용하고 있는지 한번 계산해 보세요. 생산적으로 사용되는 시간은 정말 적을 겁니다.

　인간에게 시간은 유한합니다. 인생이 금방 간다는 것을 알아야 합니다. 그런데 막상 살아가고 있는 시간은 길게만 느껴집니다. 인생이 길다고 생각하면 삶이 느슨해집니다. 그러면 하고자 하는 일을 못 하고 생을 마감하게 됩니다.

　무슨 일을 할 때 시간이 부족한 경험을 해본 적이 있을 것입니다. 10분 늦게 나왔다가 1시간을 고속도로에서 묶여버리기도 합니다. 조금만 일찍 움직였어도 막히는 시간을 피할 수 있었는데 말입니다. 시간이 부족해서 간발의 차로 놓쳐버리는 일들이 있습니다. 시험 시간에 5분만 늦어도 입장이 안 됩니다. 보고서 제출도 시간이 부족해서 마무리를 하지 못합니다. 어떤 사람에게 무한한 시간을 준다면 못 하는 일이 없을 것입니다. 그러나 인간은 한정된 시간 안에서 주어진 삶을 아름답게 끝내야 합니다.

　돈이 없으면 하고 싶어도 못하는 것이 많다고 합니다. 제가 보기엔 시간이 없어서 못 하는 것이 더 많습니다. 돈이 있어도 시간이 없으면 결국 못 하고 맙니다. 부모님을 자주 찾아뵙지 못하는 것도 마음이 없다기보다 시간이 없어서 찾아뵙지 못하는 경우가 많습니다. 운동도 시간이 없어서 못 한다고 합니다. 스마트폰을 쥐고 인터넷 서핑할 시간은 있어도 운동할 시간은 없습니다.

　시간을 확보하겠다고 잠을 덜 자고 하루를 조금 더 일찍 시작하는 분들도 있습니다. 좋습니다. 문제는 그 늘어난 시간에 무엇을 하느냐입니다. 얼마만큼 나에게 유익하게 사용하느냐가 관건입니다.

　자신에게 주어진 시간을 아는 사람은 아무도 없습니다. 언제까지 살다가 죽을지 모릅니다. 나에게 주어진 불확실한 시간을 얼마나 알차게 쓰느냐에 따라서 삶의 질이 달라집니다. 돈을 버는 것보다 돈을 잘 쓰는 것이 중요합니다. 돈을 잘 쓰는 것보다 시간을 잘 쓰는 것이 더 중요합니다. 돈 십만 원을 백만 원처럼 쓰는 사람이 있는가 하면, 천만 원을 십만 원처럼 쓰는 사람이 있습니다. 같은 시간도 천 원처럼 쓰는 사람이 있는가 하면, 천만 원처럼 쓰는 사람이 있습니다. 자신에게 맞게 시간을 잘 쓰는 사람이 성공할 수 있습니다.

알차게 시간을 쓰려면 부스러기 시간을 잘 써야 합니다. 공부도 쉬는 시간을 잘 써야 합니다. 운동도 휴식 시간을 잘 써야지 그냥 쉬면 안 됩니다. 휴식 시간에 물도 마시고 땀도 닦고 뭉친 곳이 없는지 점검해 봐야 합니다. 휴가도 휴식 시간도 일의 연장입니다. 불필요하게 쓰는 시간을 찾아서 줄여야 합니다. 마치 주식투자를 하는 사람들이 좋은 투자처를 찾듯이 내 인생에 꼭 필요한 곳, 좋은 곳에 시간을 투자해야 합니다.

공부도, 운동도 시간을 정확하게 정해놓고 하려 하면 할 수 없습니다. 틈나는 대로 책 보고, 스쿼트라도 하고 스트레칭을 하면 안 하는 것보다 낫습니다. 잠도 시간 정해놓고 이부자리 펴고 자려면 잘 수 없습니다. 잠깐이라도 눈을 붙이면 도움이 됩니다.

'시간은 금이다'라는 속담이 있습니다. 얼마나 귀하면 금이라고 표현을 했을까 싶습니다. 그러나 시간은 금, 그 이상입니다. 금보다 훨씬 더 귀한 것이 시간입니다. 비교할 수 없습니다.

돈은 없으면 벌 수 있지만, 시간은 벌 수 없습니다. 부족하다고 더 생산할 수 있는 것이 아닙니다. 그냥 한 번 흘러가는 것입니다. 시간은 흘러가지 못하게 막지도 못하고, 고장도 안 나며, 우리가 준비되어 있지 않다고 기다려주지 않습니다. 조금의 자비심도 없이 무자비하게 모든 사람에게 한 치의 오차도 없이 동일하게 흘러갑니다.

시간처럼 무서운 것이 없습니다. 당신에게 남은 시간을 계산해 보세요. 그리고 가장 사랑하는 사람과 일에, 가장 필요한 곳에, 가장 의미 있는 곳에 그 시간을 쓰기를 바랍니다. 지금 이 순간에도 어김없이 시간이 흘러가고 있습니다. 인생은 순간 흘러갑니다.

마냥 청춘일 것 같지만 훌쩍 가버리는 것이 세월입니다. '이렇게 할걸', '저렇게 할걸' 주변에서 앵무새처럼 반복하는 말을 많이 들어보셨을 겁니다.
저는 주식하는 지인 분들께도 많이 듣습니다. '팔걸', '살걸….' 안타까워하는 모습이 눈물겹습니다. 돈을 잃거나, 돈을 더 벌 수 있는 기회를 놓쳤다고 저렇게 가슴을 쓸어내리며 고통스러워하는데 시간을 잃고 나면 얼마나 고통스러워질까요?

정작 나중에 시간이 흐르고 흘러 인생의 막바지에 왔을 때는 어떤 말을 하게 될까요? '할걸', '한 번 더 안아줄걸', '한 번이라도 내가 해 보고 싶은 걸 해 볼걸', '한 번 더 가 볼걸', '한 번 더 말해 줄걸' 하지 않을까요?

생전에 어머님께서는 사람이 걸걸하다 죽는다고 하셨습니다. 그때는 몰랐는데 저도 이제 걸걸하며 살지 않으려고 노력하고 있습니다.

2장

억지사지는 기본입니다.
입장을 바꿔 볼 줄 아는 능력 하나가,
당신 자신, 당신 주변의 사람들과 환경까지 바꿔 놓습니다.

세상을 직시하는 힘

01

정말 알아야 했던 것

학교에 가면 선생님께 여러 가지를 배우게 됩니다. 글공부도 배우지만 더 중요한 것들을 배웁니다.

사회생활에 필요한 기본적인 예의와 바른 태도에 대해 배우는 첫 시기입니다. 돌이켜 보면 정말 알아야 했던 것들은 어린 시절 학교 선생님을 통해 다 배운 것 같습니다.

'어른들께 인사를 잘해야 한다.'
'친구들과 싸우지 말고 사이좋게 지내라.'
'거짓말하지 말아라.'
'파란 신호등에 건너라.'
'공중질서 잘 지켜라.'

학교뿐 아니라 가정과 교회에 가서도 늘 배웁니다. 어른들은 곧잘 거짓말하면 지옥 간다고 으름장을 놓았습니다. 거짓말이 나쁘다는 것은 누구나 다 아는 사실입니다. 그런데 아이러니하게도 거짓말이 난무하는 세상에 살고 있는 듯합니다. 학교에서든 교회에서든 부모에게서든 배워서 알고 있을 터인데 말입니다.

저의 아버지는 유독 말을 많이 하는 사람을 아주 싫어하셨습니다. 친척이 오셨든 손님이 오셨든 상관없이 말이 많아지면 바로 자리에서 일어나셨습니다. 그분이 돌아가실 때까지 아버지 방에서 나오지 않으셨습니다. 말이 많은 사람들은 대부분 거짓말쟁이라고 하셨습니다. 사기꾼들이나 허세가 많은 사람들이니 가까이 하지 말고 믿지 말라고 항상 당부하셨습니다.

상대에게 본인을 표현하려면 말과 글, 행동이 아니면 표현할 수단이 거의 없습니다. 말은 쉬운데 행동으로 보여주는 것은 어렵습니다. 말을 많이 하게 되면 그만큼 실수할 수 있는 확률이 높아집니다. 말한 대로 삶의 방식을 보여주거나 철학대로 자신이 살아가는 모습을 보여주는 것은 매우 어렵습니다.

그러기에 말과 행동의 일치, 즉 언행일치의 삶은 희망 사항으로 끝나는 경우가 많습니다.

부모님은 자녀에게 '사랑한다'고 말합니다. 문제는 자녀가 부모님의 사랑을 느끼고 체감할 수 있도록 사랑해야 한다는 것입니다. 실제 행동에서 그 사랑이 느껴져야 '사랑한다'는 말이 실체가 됩니다. 말로 하는 것이야 누가 못하겠습니까? 상대가 사랑을 받고 있다고 느낄 때 그 말이 실체가 됩니다. 그러지 못할 때, 말과 행동의 차이를 자연히 감지하게 됩니다. 그때 우리는 배신감을 느끼고 상실감에 휩싸입니다.

누구나 한 번쯤 상대의 말을 전적으로 믿어 준 적이 있을 것입니다. 그로 인해 위선의 얄팍함도 느껴봤을 것입니다. 누구나 한 번쯤 말뿐인 상대에게 허무함을 느껴봤을 것입니다. 또 이런 경우도 있습니다. 말로 쉽게 대답하는 사람들이 있습니다. 알겠다고 대답합니다. 그리하겠다고 합니다. 그러고는 행동하지 않습니다. 거짓입니다. 말과 행동이 일치하지 않는 것만큼 나쁜 거짓말은 없습니다.

평소 본인이 가진 신념을 말하고 생각을 주장하면서 그대로 살고 있지 않다면 거짓을 스스로 증명하는 셈입니다. 사교육을 없애야 한다고 큰소리쳐 외치면서 자기 자식은 남모르게 사교육을 시키는 사람도 있습니다. 정치인들은 반미를 외치면서 미국으로 자식들을 유학 보냅니다. 부정부패는 반드시 척결해야 한다면서 뒤로는 온갖 부정을 저지릅니다. 하나님을 사랑해야 한다고 부르짖는 종교인들이 정작 돈을 사랑합니다. 부모는 사랑의 매를 드는 것이라고 하면서 감정을 섞어 아이들을 때리기도 합니다.

타인에게 존중받기를 원하면서 타인을 존중하지 않습니다. 들여다보면 너무 많은 거짓이 난무합니다. 물론 본의 아니게 거짓말을 할 때도 있습니다. 상황을 모면하거나 상대를 위해서 필요한 경우 거짓말을 하기도 합니다. 말실수로 거짓말을 하기도 하고 말을 하고도 까먹는 경우도 생깁니다.

어쩌다 나도 모르게 나오는 말이 아니라 습관처럼 평상시에 하는 거짓말이 문제가 됩니다. 평소의 말과 행동에 괴리가 있다면 말과 행동의 간극을 좁혀나가야 합니다. 부모의 말과 행동이 일치하지 않는다면 자식은 부모를 신뢰하지 않게 됩니다. 부모가 아무리 올바른 말을 하고 무수히 가르친다 한들 듣지 않습니다. 위력이 없는 말이 되어버린 것입니다.

진리와 진실을 말하고 가르쳐도 그 삶을 보여주지 않으면 가짜라는 것을 알게 됩니다. 이치에 맞는 훌륭한 말을 해도 행동이 받쳐주지 않으면 그 말에 힘이 실리지 않습니다. 멋들어진 말이 빛나는 것이 아닙니다. 행동으로 나타날 때 비로소 빛납니다. 행동으로 연결되지 않는 말뿐인 말은 그저 허공에 흩어지는 먼지로 끝납니다.

우리가 정말 알아야 했던 것들은 이미 어린 시절 다 배웠습니다. 모르는 사람이 없고 안 배운 사람이 없습니다. 그저 그렇게 배운 대로 행동하지 않을 뿐입니다.

02

작은 것,
　　결코 작지 않다

후미진 골목길을 걷고 있었습니다. 정장을 입고 정갈하게 모자를 쓰신 남자분이 제 앞을 걷고 있었습니다. 길을 가다 말고 멈추더니 허리를 숙이고 뭔가를 하십니다. 지나가면서 보니 길에 떨어진 휴지를 줍고 계셨습니다. 큰길가까지 걸어 나가 버스정류장 근처에 있는 휴지통에 휴지를 버리시고는 갈 길을 갑니다.

무심코 길을 걷다 보면 그날 본 신사분이 생각납니다. 깨끗한 길을 걷다 보면 이 길을 쓸고 닦는 분들이 얼마나 고생했을까 싶습니다. 업으로 청소를 하지 않더라도 제가 본 신사분처럼 휴지를 줍는 분들도 더러 있습니다.

보는 사람도 없었고 티도 안 나는 작은 일이지만 숭고하다는 인상을 받았습니다. 큰일 작은 일이 따로 있을까요. 아마 많은 분들이 길거리에 쓰레기가 있다면 더럽다고 생각하고 지나갈 것입니다. 어떤 사람들은 더럽다고 생각조차도 안 할지 모릅니다. 어떤 사람들은 제가 목격한 분처럼 쓰레기를 직접 치우시기도 합니다.

식당 주방에서 설거지를 하는 분 중에는, 돈을 벌기 위해 단순히 노동으로 설거지를 하는 분도 계실 겁니다. 반면, 식당 이용자를 생각해 그릇에 세제 성분이 남지 않도록 신경을 써 깨끗하게 닦아야 한다고 생각하고 설거지를 하는 분도 계십니다. 손님들이 건강하게 먹을 수 있도록 그릇을 닦는다고 생각한다면 저는 그 정신이 일류라고 생각합니다.

별것 아닌 것 같은 그 작은 마음가짐 하나에서 많은 것들이 달라집니다. 누가 알아주지 않더라도 누가 보지 않더라도 드러납니다. 마음을 다해 무슨 일을 하게 되면 그것은 어떻게든 티가 나게 되는 법입니다. 작은 일을 한다고 작은 것이 아닙니다. 작은 일에 담긴 마음의 자세 하나가 더 큰일을 할 수 있는 가능성을 열어주기도 합니다.

'하나를 보면 열을 안다'는 말이 있습니다. 물론 하나를 보고 열 가지를 예측하는 것이 항상 맞거나 절대적이지는 않습니다. 그러나 대체적으로 한 가지의 행동을 보면 그와 같이 다른 일에도 임할 가능성이 높습니다. 일을 잘 하느냐 못 하느냐의 문제가 아니라 일에 임하는 자세를 보는 겁니다. 결국 어떤 자세를 가졌느냐에 따라 자신이 어떤 취급을 받을지가 결정됩니다.

회사가 신입사원을 뽑을 때 진행하는 면접 방식도 많이 바뀌었습니다. 어떤 한 주제를 두고 여럿이 토론하는 과정을 지켜보기도 하고, 문제를 던져놓고 해결하는 방식을 살펴본다고 합니다. 물론 개인의 능력은 중요합니다. 그러나 요즘은 협업하는 태도라든지, 문제를 해결하는 형태라든지, 타인과 의사소통하는 방식 등을 비중 있게 보는 것 같습니다. 어떤 인성을 갖추고 있는지 말입니다. 일을 하다 보면 예기치 못한 일들이 종종 발생합니다. 그러기에 일에 문제가 생겼을 때 그것을 대처하는 태도, 동료들과 갈등이 생겼을 때 풀어가는 자세를 간접적으로나마 확인하고자 하는 것입니다.

예전에는 일대일 면접이 주로 이루어졌지만 근래 들어 여러 사람을 함께 모아놓고 다면적 면접이 진행되고 있습니다. 저는 이것이 회사에 맞는 사람과 그렇지 않은 사람들을 걸러내는 데 훨씬 유용하다고 생각합니다. 아마도 성적표나 영어 점수, 추천서에서 볼 수 없는 그 사람의 진짜 모습을 발견하기 수월하기 때문인 듯합니다.

왜 그런 모습을 보려고 할까요? 그게 그 사람의 가능성이기 때문입니다. 회사가 투자하고 훈련시키고 키울 만한 재목인가를 보고 싶은 겁니다. 우리가 의식하지 않고 편안한 상태에서 하는 지극히 일상적인 행동은 아무도 안 보는 것 같지만 보는 사람이 있습니다. 우연히 발견되기도 합니다.

제가 아는 어떤 교수님의 이야기입니다. 그분은 조교를 뽑아야 하거나 커리어에 도움이 되는 좋은 프로젝트를 맡게 되면, 제자를 고르는 방법이 있다고 합니다. 본인의 강의가 끝나면 맨 마지막에 강의실을 떠나는 것입니다. 학생들이 모두 강의실을 비울 때까지 기다리십니다. 이유를 물었더니 학생들의 뒷모습을 볼 수 있기 때문이라고 하셨습니다. 뒷모습이라 함은 말 그대로의 뒷모습이 아니었습니다. 학생들이 볼일을 다 끝내고 자리를 비우는 행동을 관찰하신 것입니다.

삼삼오오 모여 수다를 떨며 자리를 일어나거나 홀로 핸드폰을 들여다보며 갈 길을 간다고 합니다. 그런데 어떤 학생이 강단 앞쪽으로 나오더니 강의실 책상 위에 놓인 컵들을 치우더랍니다. 다른 학생들이 마시고 내버려 둔 음료수 컵들과 쓰레기들을 모아 버리는 것입니다. 누가 시키지도 않은 일입니다. 교수님은 바로 그 학생을 불러 세우셨습니다. 대기업이 지원하는 프로젝트 연구에 대해 설명하시고는 참여해 볼 의향이 있는지 물었습니다. 기회는 이런 엉뚱한 지점에서 옵니다.

성적보다 중요한 것이 있습니다. 능력보다 눈에 띄는 것이 있습니다. 이런 행운은 공부를 잘하고 똑똑해서 오는 것이 아닙니다. 그 교수님은 학생의 성적표나 과제물을 보고 제안하신 것이 아닙니다. 팀으로 움직여야 하는 프로젝트는 여럿이 협업으로 아이디어를 도출하는 과정이 중요하다고 합니다. 문제점을 발견하고 보완책을 찾아야 하기에, 혼자 똑똑한 것보다 여럿이 함께 성장할 수 있는 인성과 인격이 더 중요하다고 하시더군요.

　기회라는 것은 뜻하지 않은 상황에서도 이런 사람들에게 찾아오게 됩니다. 준비된 사람들에게는 위기도 기회가 됩니다. 이런 행운을 불러 들이는 작은 것을 모아보지 않을렵니까?

03

내 안에 있는 고무 줄자

식사 모임이 있었습니다. 한 분이 조금 늦게 도착했습니다. 먼저 와 있던 한 분이 한마디 던집니다.

"왜 이렇게 늦었어?"
"차가 밀려서 좀 늦었네."
"지금 이 시간에 많이 밀리는 거 몰라?"
"좀 일찍 나왔는데도 지금 도착한 거야. 많이 막혔다고."
"그럼 더 일찍 나왔어야지. 너 때문에 많은 사람들이 식사도 못 하고 기다렸잖아."
"야! 다른 사람은 몰라도 네가 그렇게 얘기하면 안 되지. 너는 늦은 적 없냐?"

분위기가 싸해지기 시작했습니다. 우리는 어색하고 불편한 상태로 식사를 했습니다. 세상 살다 보면 본의 아니게 약속을 어기게 되거나 실수하는 경우도 생깁니다. 물론 작정하고 일부러 남에게 해악을 끼치며 나쁜 짓을 하는 사람들도 있습니다. 그런 소수를 제외한다면 보통 의도하지 않게 크고 작은 실수를 하게 됩니다. 친분이 있는 사람들과 만나기 위해 시간을 내어 약속을 한 것인데 상대에게 불쾌감을 주기 위해 늦는 사람은 없습니다. 특별한 사정에 의해서 결례를 범하는 경우가 대부분입니다. 물론 늦는 것이 습관인 사람들도 있습니다.

이런 경우에는 왜 늦었느냐고 책망할 필요가 없습니다. 약속 시간을 지키지 못하고 늦는 사람의 속은 얼마나 타들어 갔겠습니까? 제 경우에는 버스 안에서 뛰고 싶은 심정이었습니다. 더구나 뭔가 부탁을 해야 할 경우라면 속이 타고 미치는 것입니다. 이미 이 사람은 책망을 받지 않아도 나름대로 대가를 치른 것입니다. 어떤 사람이 범죄를 저지르고 도망을 다니다가 잡혔는데, 경찰에게 이제 속이 편하다고 했답니다. 도망 다니는 것이 감옥에 있는 것보다 더 괴로웠다는 것입니다. 피하고 숨고 도망 다니는 자체가 사실은 교도소인 것입니다.

약속 장소에 오는 내내 속이 타들어 가다가 도착해서는 미안해 어쩔 줄 몰라 머리를 들지 못하고 있는데 거기다 대고 왜 늦었느냐 할 필요가 없습니다. 일찍 출발하면 되지 않느냐고 하지만 간혹 피치 못할 일이 생깁니다. 집을 나서는데 집전화로 다급한 연락이 올 수도 있고 승강기가 고장이 날 수도 있는 겁니다. 교통사고가 나서 도로가 주차장이 되기도 하고 급하게 서두르다가 반대 방향 지하철을 타기도 합니다. 인간사가 사람 마음대로 되지 않습니다.

문제는 자신에게 주관적이면서 타인에게 객관적일 때입니다. 본인에게는 아주 관대하고 느슨하게 적용되는 규칙이 타인에게는 가혹하고 치밀한 잣대로 적용될 때 문제가 됩니다. 요즘 말로 '내로남불'이라고 하지요. 똑같은 것임에도 내가 하면 로맨스고 남이 하면 불륜이 되어버립니다. 자신에게는 어쩌다 그럴 수 있는 일이 남에게는 절대 벌어질 수 없는 일이 되곤 합니다.

'내로남불'의 현장을 실시간으로 볼 수 있는 곳이 정치판입니다. 같은 사안에 대해서 죽어라 반대하던 사람들이 자신들이 권력을 잡으면 똑같이 합니다. 말 같지도 않은 말로 기가 막히게 합리화시키면서 사는 정치인들입니다. 사람들이 정치인들의 행태를 보고 배우는 것인가, 아니면 사람들의 수준에 맞는 정치인을 스스로 뽑는 것인가 헷갈릴 때가 있습니다.

차가 내 앞에 끼어들면 난리가 납니다. 왜 끼어드냐고 자동차 경적을 사정없이 울려 댑니다. 작은 틈으로 끼어들까봐 앞차와 추돌할 정도로 가까이 붙습니다. 양보하지 않으려 속도를 높이고 라이트를 켜기도 합니다. 그런데 자신이 끼어들거나 자신의 차 바로 뒤로 끼어들면 조용합니다. 상관하지 않습니다. 한 대가 끼어들든 열대가 끼어들든 얼마든지 그럴 수 있는 일이 되어버립니다.

친구와 오후 7시에 만나기로 했다고 칩시다. 그런데 몸이 피곤하고 컨디션이 별로 좋지 않습니다. 나가기 귀찮아 집에서 쉬고 싶은 마음이 굴뚝같습니다. 오후 6시 즈음, 만나기로 했던 친구에게 갑자기 전화가 옵니다. 정말 미안하지만 갑자기 일이 생겨서 오늘 못 볼 것 같다고 합니다. 횡재한 기분이 듭니다.

"그렇구나, 뭐 안 좋은 일은 아니지?"

기분 좋은 티를 안 내려 애쓰면서 상대의 안부까지 신경 쓰는 여유가 나옵니다.

"아쉽다. 어쩔 수 없지 뭐. 그래. 다음에 보자."

나가기 싫던 찰나에 주어진 저녁 시간은 꿀같이 느껴집니다.

자, 같은 상황입니다. 친구와 오후 7시에 만나기로 했습니다. 오랜만의 외출이라 기분이 들떠 있습니다. 마침 가고 싶었던 레스토랑을 예약해 놓아서 빨리 가고픈 마음입니다. 공들여서 화장도 하고 옷도 이것저것 입어 봅니다. 어떤 걸 신을까 고민한 끝에 신발 하나를 집어

듭니다. 오후 6시 즈음, 이제 막 현관문을 열고 나가려는 순간, 친구에게 갑자기 전화가 옵니다. 정말 미안하지만 갑자기 일이 생겨서 오늘 못 볼 것 같다고 합니다.

"야! 그걸 지금 얘기하면 어떻게 해?"

친구에게 무시당한 기분이 듭니다. 화가 나고 속이 상하고 신경질이 납니다. 사람이 이렇습니다. 내 컨디션에 따라, 내 입장에 따라 같은 상황이 벌어져도 반응이 다르게 나갑니다. 이렇게 주관적인 것이 사람입니다. 그래서 자신에게는 되도록 객관적인 잣대를 들이대야 합니다. 그리고 타인에게는 되도록 주관적인 기준을 허용해 주어야 합니다. 스스로 냉정하게 잣대를 들이대 볼 자신이 없다면, 타인도 판단하지 마세요.

길이와 거리를 잴 때 사용하는 것이 자입니다. 전세계적으로 사용되는 통일된 기준이 있지요. 우리나라에서는 1m가 100cm인데 일본에서 150cm가 되지 않습니다. 어디서든 동일하게 통용됩니다. 마치 고무줄처럼, 자신의 상황에 맞게 본인에게는 줄었다가 타인에게는 늘어났다가 하지 않습니다.

상대의 처지에서 먼저 생각해 본다면, 화가 나는 일이 90%는 줄어들 것입니다. 자신을 이해하는 것의 반 정도만 상대를 이해하려고 노력한다면, 진심으로 당신을 좋아하는 사람이 두 배는 족히 늘어날 것입니다. 입장을 바꿔서 생각할 줄 알아야 합니다.

역지사지는 기본입니다. 입장을 바꿔 볼 줄 아는 능력 하나가, 당신 자신, 당신 주변의 사람들과 환경까지 바꿔 놓습니다. 자신이 타인을 이해하고 배려하는 만큼 자신도 타인에게 이해와 배려를 받습니다.

04

삼 척짜리 인생

공자의 제자가 물었습니다.
"귀신을 어떻게 섬겨야 합니까?"

공자가 대답했습니다.
"사람을 섬기는 법도 제대로 모르는데 어떻게 귀신을 섬기는 법을 알겠느냐?"

제자가 다시 물었습니다.
"선생님. 그럼 죽으면 어떻게 되겠습니까?"

공자가 말했습니다.
"사는 것도 모르는데 어떻게 죽음에 대해서 알겠느냐?"

공자의 훌륭함은 여기에 있습니다. 공자는 자로에게 '아는 것을 안다고 하고 모르는 것을 모른다고 하는 것이 바로 아는 것이다.'라고 가르쳤습니다. 당대에서 최고의 현인으로 불리던 공자는 모르는 것을 모른다고 하는 대담함과 솔직함을 보여주었습니다.

제가 한번은 청년들이 모인 자리에서 물었습니다.
"삼척이 어디 있는지 아십니까?"

자신 있게 큰 목소리로 대답합니다.

"강원도요!"
"아닙니다. 삼척은 우리 마음 안에 있습니다. 잘난 척, 있는 척, 아는 척, 이 세 가지가 바로 삼척입니다."
"하하하"

여기저기 씁쓸한 탄식이 섞인 웃음소리가 넘쳐납니다.

"요즘은 한 가지 더 늘어서 사척이라고 합니다. 악한 것이 선한 척, 착한 척합니다."

모르는데 아는 척하고, 못 배운 것이 배운 척하고, 없는데 있는 척하고, 못났으면서 잘난 척합니다. 허세가 지나치고 과장된 표현으로 자신을 포장하려 합니다. 왜 불필요한 과대 포장을 하려 들까요? 내용물이 부실하니 그렇습니다.

농촌에서 모내기를 하는 것을 본 적이 있는지 모르겠습니다. 여름이 지나 가을을 머금은 산들바람이 불어오면 벼가 고개를 내밀기 시작합니다. 아직 알갱이가 생겨나기 전이라 목이 곧고 뻣뻣합니다. 그러다가 알이 차오르기 시작하면 자연스레 조금씩 고개를 숙이게 됩니다. 그렇게 고개를 숙이고 넘실대며 추수를 기다립니다. 알이 꽉 찼는데 알이 꽉 찬 척을 할 필요가 있을까요?

사람의 본성일지도 모르겠습니다. 보통은 남들보다 우월하고 싶고 뒤처지는 것을 싫어합니다. 누구에게나 있는 자아의 한 모습일 것입니다.

그래서일까요? 우리 주위에는 소위 '박사'들이 많습니다. 있는 척, 아는 척, 잘난 척, 예쁜 척 등 종류도 가지가지입니다. 유달리 척을 잘하는 사람들의 공통점이 무엇일까요? 바로 '열등감'입니다.

자신이 빈 수레임을 들키지 않기 위해 요란스럽게 구는 것입니다. 사람은 누구나 고유의 성격이 있고 성향도 제각각입니다. 상황이나 분위기에 맞춰 장난삼아 재미 삼아 일부러 '척'을 하는 경우도 있습니다. 하지만 남들에 비해 지나칠 정도로 척하는 것은 내가 남보다 더 잘났다는 것을 드러내고 싶어 하는 일종의 장애인 셈입니다.

혹시 주위에 잘난 척하는 사람이 있습니까? 척이 심한 사람들은 아무리 잘못된 점을 지적해도 잘 듣지 않을 확률이 높습니다. 오히려 화를 내기도 하지요. 지적도 충고도 받아들일 준비가 안 되어 있는 경우가 많습니다. 그럴때는 인정받고 싶어 하는 마음을 알아주는 수밖에 없습니다. 요란법석 떠는 그들의 열등의식에 같이 휘둘릴 필요가 없습니다.

잘난 사람은 굳이 잘난 척을 할 필요가 없습니다. 스스로 잘난 줄 알고 있기 때문입니다. 그러니 타인의 평가에 관심이 없습니다. 명품을 가진 사람은 스스로 명품이라 말하지 않습니다. 명품이라 말하지 않아도 명품이라고 알기 때문입니다.

못난 사람들이 잘나 보이고 싶기에 굳이 잘난 척을 하는 것입니다. 타인에게 보여주고 싶은 것입니다. 안은 텅텅 비어 있는데 남들이 우월하다고 봐주기 바라는 마음에서 허세를 부립니다. 그래야 눈길 한 번 받을 수 있을 테니까요.

아는 것은 아는 것이고 모르는 것은 모르는 것입니다. 자신을 직시할 줄 알아야 합니다. 무엇을 알고 무엇을 모르고 있는지 말입니다.

모르는 것이 나쁜 것이 아닙니다. 창피한 것도 아닙니다. 모르면 묻고 배우면 됩니다.

자신이 무엇을 가지고 있고 무엇을 원하는지 알아야 합니다. 그래서 부족한 면이 있다면 허세로 메울 것이 아닙니다. 부족한 것을 채우려는 노력을 하는 것이 더 중요합니다. 현재 있는 그대로 표현할 줄 아는 것은 용기가 필요합니다. 진실을 마주하는 것만큼 용기 있는 일은 없습니다.

모르는 것은 모른다, 아는 것은 안다고 진실을 말하는 것처럼 큰 힘은 없습니다.

05

올라갈 때와 내려갈 때

입춘이지만 날씨가 여간 춥지 않습니다. 창밖을 내다보니 바람이 제법 붑니다. 아직 겨울이 가려면 좀 더 시간이 필요한 것 같아 보입니다. 날이 여전히 추워 출근길에 딸을 학교에 태워주었습니다.

"아빠. 어제 중학생이 수학문제 안 풀어진다고 자살했대."
"정말? 어떻게 그런 일이 있을 수 있냐? 큰일이다."

딸아이의 이야기에 저는 순간 놀라 브레이크를 밟을 뻔했습니다.
"집 거실에서 공부하다가 수학이 안 풀어진다고 하더니 방에 들어갔대. 20분이 넘어도 방에서 안 나오기에 엄마가 들어가 봤더니 방에서 목을 매 죽어 있더래요. 그 엄마는 어떻게 살까?"

가끔 뉴스에서만 보던 일을 딸아이의 입에서 들으니 정말 현실에서 이런 일이 일어나는구나 싶었습니다.

"세상에 별일이 다 많구나! 수학문제가 그 아이에게는 인생의 전부였구나."
"그런가 봐요."
"세상은 말이야. 마음대로 되는 일보다 마음대로 안 되는 일이 훨씬 많단다. 마음대로 안 된다고 죽는다면 목숨이 백 개라도 모자랄 거야. 아빠는 말이다. 무엇을 시작할 때 항상 성공할 확률도 50%, 실패할 확률도 50%라고 생각하고 실패를 대비한다. 그렇기 때문에 실패한다고 해도 실망하지 않아. 실패할 수 있다는 걸 알고 대비하기 때문이다. 자. 우리가 산에 갔어. 산꼭대기에 올라가면 어떻게 해야 되지?"

저는 딸아이의 눈을 보며 진지하게 물었습니다.
"내려와야지요."

담담하면서도 당연한 듯 대답하는 걸 보니 마음이 한결 편해집니다.

"그렇지. 내려와야지. 정상까지 올라간 사람은 올라갈 곳이 없으니 내려와야지. 올라갔으면 내려와야 하는 것이 당연한데 인간은 내려오는 것을 싫어한단다. 정상에서 오래 있으려 욕심을 부리다가 화를 당하기도 하고 죽게 되기도 하는 거야. 아직 정상까지 가지 못한 사람은 더 가야 하는 희망이 있으니 좋지 않냐? 아직 못 올라갔다고 해서 초조해하고 불안해하며 슬퍼할 것 없단다. 돈이 있는 사람은 그것을 지키기 위해서 노력하고, 없는 사람은 얻기 위해 노력하는 거야. 꼴찌는 희망을 이루기 위해 올라가려 노력하고, 일등을 한 사람은 그 자리를 지키기 위해서 노력한다. 꼴찌가 나쁜 것만도 아니다. 일등을 하고 성공하는 것이 인생의 전부가 아니란다. 인생은 살아보면 세상에서 말하는 성공이 다가 아니다. 각자 주어진 일에 최선을 다하는 것이지. 인생의 전부라고 할 만한 것이 무엇이 있을까? 인간사 새옹지마라는 말 들어 봤니?"

딸아이는 걱정하지 말라는 듯 경쾌하게 대답합니다.
"저 알아요. 한문 시간에 배웠어요."

저는 기도하는 심정으로 아이에게 조금 더 설명하고 있었습니다.

"복이 화가 되기도 하고, 화가 복이 될 수도 있어. 아무도 모르는 일이란다. 인생사에 일어나는 모든 일의 좋고 나쁨을 미리 예측할 수가 없는 거란다. 그러니 눈앞에 벌어지는 결과만을 가지고 그것이 전부인 양 너무 연연해하지 말아야 한다. 일희일비하지 말고, 늘 희망이 있으니까. 알겠지?"

"네!"

"그래! 오늘도 파이팅이다!"

학교로 걸어 들어가는 딸의 뒷모습을 한참 지켜보았습니다. 수학 문제, 학교성적, 대학진학, 좋은 직장, 높은 연봉 따위와는 비교할 수 없이 자신의 생명이 귀하고 소중하다는 것을 깨닫기를 절실히 바랐습니다.

우리는 참 쉽게 오류에 빠집니다. 자신이 하고 있는 일, 자신에게 당장 벌어진 상황이 전부라고 착각하기 쉽습니다. 지금 눈앞에 벌어진 일에 급급하기 일쑤입니다. 인생에 있어 좋고 나쁨은 변화무쌍하게 바뀝니다. 현재 아주 좋아 보이는 것도 그것으로 큰 것을 잃기도 하고, 끔찍해 보이는 사건도 오히려 내게 득이 되는 결과를 가져오기도 합니다. 정말 한 치 앞을 모르는 것이 인생입니다.

인간사 새옹지마(塞翁之馬)라는 말을 한번쯤은 다들 들어봤을 겁니다.

중국 국경 지방에 한 노인이 살고 있었습니다. 그러던 어느 날 노인이 기르던 말이 국경을 넘어 오랑캐 땅으로 도망쳤습니다. 이에 이웃 주민들이 위로의 말을 전하자 노인은 "이 일이 복이 될지 누가 압니까?" 하며 태연자약(泰然自若)했습니다. 그로부터 몇 달이 지난 어느 날, 도망쳤던 말이 암말 한 필과 함께 돌아왔습니다. 주민들은 "노인께서 말씀하신 그대로입니다." 하며 축하하였습니다.

그러나 노인은 "이게 화가 될지 누가 압니까?" 하며 기쁜 내색을 하지 않았습니다. 며칠 후 노인의 아들이 그 말을 타다가 낙마하여 그만 다리가 부러지고 말았습니다. 이에 마을 사람들이 다시 위로를 하자 노인은 역시 "이게 복이 될지도 모르는 일이오." 하며 표정을 바꾸지 않았습니다. 그로부터 얼마 지나지 않아 북방 오랑캐가 침략해 왔습니다. 나라에서는 징집령을 내려 젊은이들이 모두 전장에 나가야 했습니다. 그러나 노인의 아들은 다리가 부러진 까닭에 전장에 나가지 않아도 되었습니다.

모든 것은 보기 나름입니다. 코로나 바이러스로 인해 엄청난 위기가 왔지만 이 시기에 자신의 능력개발에 더 힘쓰는 사람도 있습니다. 이를 기회로 사람들과의 만남을 줄이고 본인이 집중하지 못했던 일에 성과를 내기 위해 매진하는 사람도 있습니다.

당장 세상이 끝난 것 같아도 또 살아갑니다. 절망 속에서도 희망은 있습니다. 당장 세상을 다 얻은 것 같아도 잠시 스쳐 가는 일입니다.

06

견공 시대

"니모야~ 문 열어라."
"…"
"밥은 꼬박꼬박 먹는 놈이 문도 못 열어 주냐?"
"…"

내 말에 대꾸도 않습니다. 대문 앞에서 멀뚱멀뚱 올려다보며 잘 보이지도 않는 꼬리만 신나게 흔들어 댑니다.

단풍이 아름답게 물들 때쯤 아버지께서 먼 산으로 단풍놀이를 떠나셨습니다. 그 후 며칠이 안 지나 어머니께서는 강아지 키우면 어떻겠느냐고 조심스럽게 말씀하셨습니다. 제가 짐승 키우는 것을 무척이나 싫어했기 때문이었을 것입니다. 저는 즉시 진도에 있는 지인에게 연락하여 강아지 두 마리 준비해놓으라고 하고 바로 내려갔습니다.

작은 진돗개 두 마리를 데리고 집에 왔습니다. 어머니께서 귀엽다고 하시면서 각각 천둥이와 번개로 이름을 지어주셨습니다. 그리고 마치 어린아이를 대하듯 지극정성으로 키우셨습니다.

어머니에게는 원칙이 있었습니다. 짐승은 배가 고파도 말을 못하니 사람은 못 먹어도 개밥은 꼭 챙겨주어야 한다고 하셨습니다. 어머니는 내가 사 왔으니 내가 키운다고 하시면서 밥 챙겨주는 것을 다른 사람에게 맡기지 않으셨습니다. 어디 외출을 하셔도 강아지의 밥때를 확인을 하셨습니다. 몸이 불편하시고 노환으로 누워 계셔도 천둥, 번개가 밥을 먹었는지 주었느냐고 재차 확인하셨습니다. 개는 주인 외에 믿을 것이 없으니 주인이 죽을 때까지 책임져야 한다고 하셨습니다.

또 다른 원칙 하나는 아무리 개가 예쁘더라도 방 안으로는 절대 들이지 말라 하셨습니다. 아무리 개를 좋아해도 사람과 개는 구분을 해야 한다고 하셨습니다.

어머니가 개를 키우는 것을 보면서 저는 그런 생각이 들었습니다. 개도 저렇게 키우시는데 자식들을 얼마나 지극정성으로 키우셨는지 알 듯했습니다.

어머니는 평소에 내가 죽기 전에 저놈들이 죽어야 내 손으로 묻어 준다는 말씀을 하시곤 하셨습니다. 결국 어머니 말씀대로 천둥, 번개는 천수를 다하고 죽었습니다. 어머니께서 많이 우셨습니다. 그렇게 슬퍼하시는 모습을 보니 제 마음이 안타까워졌습니다.

양지바른 곳에 묻어 주라고 하셨고 저는 어머니 덕분에 팔자에 없는 개 장례를 치러주었습니다. 어머니는 충격을 받으셨는지 다시는 개를 키우지 않겠다고 하셨습니다. 하지만 얼마 지나지 않아 강아지 한 마리 키우자고 다시 말씀하셨습니다. 저는 다시 강아지를 데려왔습니다. 이번에는 어머니와 함께 시간을 보내며 무럭무럭 자라난 개가 어머니를 먼저 보내드렸습니다.

어머니께서 개가 죽어 무척이나 슬퍼하시던 모습을 보고 저는 우리 집에서는 절대로 개를 키우지 않겠다고 결심했습니다. 어머니처럼 정성스럽게 키울 자신도 없었고, 개가 죽었을 때 가족들이 감당할 슬픔이 싫었습니다.

저는 혹시나 아이들이 크면서 반려동물을 키우자고 할까 봐, 아파트에서는 절대 짐승을 키우는 것은 안 된다고 늘 이야기를 했습니다. 정 키우고 싶으면 너희들이 커서 따로 살 때 키우라 했습니다. 근 20년을 버텼습니다.

그러던 어느 날, 어머니께서 멀리 떠나셨습니다.

어머니께서 돌아가시고 나자 딸아이가 풀죽은 모습으로 하는 말이 할머니의 빈자리가 너무 커서 허전하니 개를 키우면 안 되느냐고 조심스럽게 물었습니다.

시골에서 태어나 자란 저는 짐승을 좋아하지 않습니다. 어릴 적부터 개, 닭, 염소, 소, 토끼 등을 키우며 이래저래 꾸지람만 들었기 때문입니다. 밥 주고, 오물 치우고, 청소 제대로 못한다고 혼나서인지 짐승을 지독하게도 싫어했습니다. 그런데 돌아가신 어머니 얘기를 하며 애원하니 허락을 안 할 수 없었습니다.

아버지의 빈자리를 채워 주던 어머니의 천둥, 번개가 생각났습니다. 대신 절대 방 안으로 들이지 않는다는 조건을 달았습니다.

마침 시골로 이사해서 강아지를 방 안에 들이지 않고 키울 좋은 조건이 생겼습니다. 그동안 내 말을 듣고 20년 넘게 참아 준 아이들이 기특해서 기꺼이 허락했습니다. 딸은 푼푼이 모은 전 재산을 기꺼이 지불하고 멀리 서울까지 다녀왔습니다. 그렇게 '니모'라는 녀석이 우리 집에 왔습니다.

저는 니모를 보는 순간, 그 짧은 다리에 깜짝 놀랐습니다.

"뭐 이런 개가 있냐? 어딘가 잘못된 것 같은데…"

"아니에요. 원래 그래요. 이건 웰시코기에요."

생전 처음 보는 개입니다. 물론 들어본 적도 없습니다. 다리 짧다고 개무시했지만 계속 보다 보니 나름대로 귀엽습니다. 나를 제외한 모든 식구가 니모의 열성 후원자가 되었습니다. 니모는 어머니의 빈 공간을 채워주기에 충분했습니다.

딸과 아들은 마치 사랑하는 할머니께서 돌아오신 것처럼 좋아했습니다. 니모는 순식간에 어머니의 빈자리를 훌륭하게 메워주었습니다. 이제는 그 역할을 너무 잘하다 못해, 가장인 나의 영향력을 뛰어넘고 우리 집에서 가장 최고봉의 자리에 올랐습니다.

니모 산책을 해주고, 니모 밥을 챙겨주고, 니모 아픈 곳을 살펴 볼 때면, 정말 나의 상전이 된 게 확실해 보입니다. 그래도 단둘이 있을 때는 제가 최고봉이라는 것을 알려주기 위해서 틈틈이 훈련을 시킵니다.

오랜만에 지인들과 저녁을 먹는데 니모 밥을 주고 온다는 것을 깜박했습니다.
'집에 아무도 없는 거 같은데 니모가 밥을 먹었나? 아이고. 내 팔자야~'
사람이 굶더라도 말 못하는 짐승 밥은 제때 주어야 한다고 말씀하시던 어머니의 음성이 아련하게 들리는 듯했습니다. 그래서 음식이 이제 막 나왔는데 밥수저를 내려놓았습니다.

"어! 미안한데 내가 주방에 무엇을 올려놓고 잊어버리고 그냥 나왔네! 집에 사람도 없고 내가 가봐야겠네! 잠깐 다녀올게."
"아이고, 이 사람아. 나이 먹으니 큰일이네!"
"어서 가 봐. 나도 가끔 핸드폰을 놓고 다녀."

니모 때문에 각본에 없는 즉흥 연기를 하면서 급히 빠져나왔습니다. 인생이 연극이라더니 연극배우가 따로 없습니다. 세상이 바뀌니 저도 바뀌었습니다.

집에 돌아오니 니모가 짧은 다리로 길길이 뛰어오르며 반겨합니다. 내가 반가운 건지, 밥을 먹을 수 있어서 반가운 건지, 도통 모르겠지만 이런 맛에 키우나 보다 싶습니다. 이 녀석이 점점 우리 집에서 영향력을 넓혀가더니 결국 나를 밀어내고 말았습니다. 가족 카톡방에 내 사진을 올리면 별 반응이 없습니다. 니모 사진을 올리면 귀엽다고 바로 난리가 납니다.

내 서열은... 니모 다음.
맨 끝으로 주저앉고 말았습니다.

동네 지나가는 사람들도 다들 니모를 예뻐합니다. 대문 살 사이로 손을 넣고 니모를 쓰다듬고 악수하기 바쁩니다. 동네 아이들은 니모가 안 보이면 나보고 '니모 어디 갔느냐'고 찾습니다. 나를 찾는 사람은 없어도 니모를 찾는 사람은 많습니다.

　니모가 어릴 때 나무로 집을 지어줬습니다. 몸집이 좀 크고 나서는 플라스틱으로 된 큰 집을 사주었습니다. 두 집을 왔다 갔다 하더니 요즈음은 나무집에서 주로 생활을 합니다. 녀석이 나무가 몸에 좋은 것을 아나 봅니다. 니모를 보고 있자니 없던 장난기가 스멀스멀 올라옵니다.

　"니모!"
　"……."
　"종부세 내야지~ 단독 주택이 2개나 있는데, 세금 안 내냐?"

　요 눈치 빠른 녀석이 내게 와서 애교를 떱니다. 온 가족이 있을 때는 내가 불러도 본척만척입니다. 아무도 없고 나 혼자 있으면 부르지 않아도 나에게 달려옵니다. 잘 보여야 밥을 준다는 건, 기가 막히게 압니다.
　집집마다 반려동물을 키운다고 하니 그야말로 견공들의 세상이 왔습니다. 사람이나 짐승이나 사랑받으려면 때에 맞게 귀여운 짓을 해야 합니다. 바야흐로 여성 시대를 지나 견공 시대가 열렸습니다.

시대는 계속 변합니다. 내가 니모처럼 기가 막히게 변하는 세상에 적응하고 있나 반문하게 됩니다.

07

단 한 사람으로부터

농협에 볼일이 있어 아침 일찍 움직였습니다. 많은 인파가 몰려있어 주차장에 도착하기도 전에 속도부터 줄여야 했습니다.

'아니. 웬 사람들이 이렇게 많지?'

하나로마트 앞에 줄이 서 있습니다. 뉴스를 통해서 보거나 사람들에게 전해 듣기만 해봤지, 이 시골에 이 이른 시간에 하나로마트에서 많은 사람이 줄 서 있는 모습은 평생에 처음 보는 일입니다. 어떤 어른들은 바닥에 앉아 있고 어떤 어른은 지팡이에 의지해 힘겹게 서 있습니다. 잘 아는 어른 한 분이 보입니다.

"안녕하세요? 이른 아침부터 어인 일이세요?"
"그놈의 마스크 때문에 새벽부터 서 있네. 자네도 마스크 때문에 온 건가?"
"아. 저는 농협에 일 보러 왔습니다."
"자네도 빨리 줄 서. 일찍부터 와 고생해서 줄 서도 못사는 사람들이 있어. 사고 싶다고 사는 게 아니야. 줄이 더 길어지기 전에! 어여!"

다그치다시피 큰 소리로 말씀하십니다. 고맙다고 재차 말씀드리고 농협으로 발길을 옮겼습니다. 긴 줄의 중간쯤에 백발노인이 앉아 있는 모습이 눈에 들어옵니다. 앉아 있는 것도 힘겨워 보였습니다.

'여기까지는 어떻게 오셨을까? 마스크는 사실 수 있으려나?'

걱정되었습니다. 그 어르신 모습이 훗날 제 모습같이 느껴져 마음이 무겁습니다. 쉽사리 발걸음을 못 떼고 있던 차에, 앞쪽에서 누군가 자리에서 일어나 뒤로 걸어왔습니다.

"이리 오세요. 제 자리와 어르신 자리랑 바꿔요. 네? 이리 오세요."

괜찮다고 극구 사양하는 노인의 손을 부여잡고 억지로 자기 자리로 모시고 갑니다. 그분과 자리를 바꾸자고 하신 분도 아무리 적게 봐도 70대 중반은 넘어 보였습니다.

"아녜요. 나 때문에 당신이 못 사면 안 돼요."

"그거 못 사면 어때요? 저는 내일 또 나와도 되니까 어서 이리 오세요."

그러자 그분을 앞자리에 앉히려고 모든 사람이 자기 자리를 양보하기 시작했습니다. 서로 앞으로 오시라고 노인의 앙상한 손을 잡고 부축하며 모셔갑니다. 결국 그분은 맨 앞자리에 앉았습니다.

쑥스러운 모습으로 앉아계신 노인은 시종일관 땅만 바라보고 있었습니다.

땅을 바라보고 무슨 생각을 하셨을까요. 괜찮다며 손사래를 치며 사람들 손에 이끌려가지 않으려 발바닥에 힘을 주고 버티고 있는 자신을 맨 앞자리에 데려다 놓았으니, 고마움과 민망함을 동시에 느끼면서도 사람들의 배려와 사랑에 고개를 들지 못했던 것이 아닐까 추측해 보았습니다.

'사랑은 내리사랑이다'라는 말이 있습니다. 물이 위에서 아래로 내려가듯이 사랑도 위에서 아래로 내려간다는 뜻입니다. 내리사랑이 단순히 부모가 자식을 사랑하는 것만을 의미하는 것은 아닐 겁니다.

나이가 많으면 어른이지만 힘이 없으니 아랫사람이 됩니다. 버스 안에서도 매표소나 공공장소에서도 젊은 사람이 힘없는 어른들에게 양보하는 것을 종종 봅니다. 많이 가지지 못했지만 더 힘든 사람을 위해 자신이 가진 것을 내어놓는 분들이 있습니다. 십시일반 재능을 모아 작은 보탬이라도 되고자 뭐라도 시도하는 분들이 있습니다. 세상 곳곳에서 내리사랑을 어렵지 않게 발견하게 됩니다.

가진 사람이 갖지 못한 사람에게, 힘 있는 사람이 힘없는 사람에게, 사랑이 많은 사람이 사랑에 소외된 사람에게 물이 흐르듯 나이, 지역, 편견을 넘어서 흘러가는 사랑이 내리사랑의 진짜 의미가 아닌가 싶습니다.

세상은 코로나가 휩쓸어 어지럽고 혼탁하지만 물이 흐르듯 사랑을 흘려보내는 분들로 인해 살 만한 세상입니다. 마음 한구석 찡하게 만드는 아름다운 모습을 보고 기분 좋게 돌아왔습니다. 바이러스가 전염력이 강하다지만 사랑만큼 전염력이 강한 것 같지는 않습니다.

이른 새벽부터 밖에 나와 몸도 마음도 지쳐있을 터인데 오랜 시간 줄 서서 기다린 자리를 내어주는 한 분 때문에 사람들의 가슴에 사랑이 심겼습니다. 단 한 사람이 시작한 배려의 움직임은, 물이 바다를 덮음같이 모든 사람을 움직이게 했습니다. 모든 것의 시작은 작은 '하나'로부터 시작합니다.

08

전환의 시대

　　　　　　　　　　코로나 바이러스 창궐 이후, 코로나로부터 안전한지 묻는 코로나 안부 전화가 많이 걸려옵니다. 제가 코로나를 잘 피해 살고 있는 것을 확인하면 그제야 묻고 싶었던 것을 묻습니다. 가장 많은 질문은 이렇습니다.

　'사업이 어려울 때는 사업 하나만 해결하면 됐는데 지금은 사업은 물론 가정, 사회생활, 여행, 신앙생활, 대인관계까지 전방위적으로 영향을 받으니 답이 안 나온다. 분명 세상이 급변하고 있는데 어떻게 대처해야 할지 모르겠다.'

　정말 한 번도 경험하지 못한 일이 벌어졌지요. 전 세계가 난리가 났으니 말입니다. 지금은 누구에게나 위기입니다. 위기가 곧 기회라고들 하지요. 상투적이지만 맞는 말입니다. 바람이 불어야 돛을 올리기 때문입니다. 그러나 지금은 배가 넓은 바다로 나아가는 것을 도와줄 만한 바람이 아니라 배를 파도 속에 묻어버릴 만큼 큰 태풍입니다.

사회적 거리 두기로 우리의 일상이 달라졌습니다. 비대면 서비스가 늘어가고 가까운 사람조차도 만나기 꺼려집니다. 심지어 가족들도 외출하고 돌아오면 서로 얼굴 대하는 것이 개운치 않습니다. 사람들은 이전 삶으로 돌아가지 못할 것 같아 우울해합니다. 바이러스 전문가들조차도 코로나 바이러스와 함께 살아야 할지 모른다는 이야기를 합니다.

전쟁이나 전염병 등 인간이 통제할 수 없는 일이 벌어지면 종교인들은 신이 내린 벌이라고 현실을 설명합니다. 그말이 맞습니다. 인간이 함부로 자연을 사용함으로 스스로 벌을 받고 있는 것이 아닌가 생각됩니다.

『공감의 시대』의 저자 제레미 리프킨은 1990년대 인간이 지구상에서 사용하는 땅이 14%였다가 2000년대에는 77%로 올라갔다고 설명합니다. 동물들이 사용하던 공간을 인간이 빼앗은 거지요. 화학에서 사용되는 단어로 '임계점'이라는 것이 있습니다. 어떠한 비율의 한계를 넘어서면 물이 끓고 물이 얼음이 되는 지점을 말합니다. 지구도 임계점에 다다른 것이 아닌가 생각해 봤습니다.

인간 신체의 70%가 물입니다. 지구 표면적도 70%가 물이라 합니다. 비율을 봤을 때 인간과 자연이 공존하며 가장 쾌적하게 살 수 있는 환경은 땅 표면의 약 40%가 아닐까 싶습니다. 인간의 지구 사용 범위가 계속 넓어지면 지구상의 동물들이 멸종될지도 모를 일입니다. 그렇게 파괴된 생태계에서 버티는 동물들의 바이러스가 사람에게 옮겨 온 것은 아닌가 생각하게 됩니다.

기상 이변도 고온 현상도 흉악한 바이러스도 인간이 자연을 파괴한 결과로 보는 사람들이 많습니다. 우리가 자연을 파괴하니 자연도 우리를 파괴하는 꼴입니다. 우울한 사람 옆에 가면 우울해지고 행복한 사람 곁에 가면 행복해지는 것처럼, 자연이 괴로우니 우리도 괴로운 것입니다.

인간들은 더 많이 가지기 위해 무한한 경쟁을 했고, 더 넓은 영토를 차지하기 위해 전쟁을 일으켰습니다. 더 편안하기 위해 많은 에너지를 사용했고, 자연을 정복하기 위해서 땅을 파고 굴을 뚫고 강을 막았습니다. 힘 있고 잘사는 나라일수록 더 많이 파괴했습니다. 급기야 히말라야까지 쓰레기를 버리는 지경이 되었습니다.

자연은 인간들이 어떤 행위를 해도 수억 년을 묵묵히 참고 견뎌왔습니다. 자연은 우리에게 유익을 주고, 영감을 주었습니다. 그러나 이

제 자연도 우리를 치유해줄 능력이 상실된 것 같습니다. 개인도, 사회도, 정치도 한쪽으로 기울어져 균형을 잃으면 무너지기 마련입니다. 포화 상태가 되고 임계점을 넘어 섰을지도 모릅니다. 인간이 주는 스트레스를 받아낼 여백이 없이 가득 차 있습니다. 인간이 지구를 너무나 많이 써 버렸나 봅니다.

그릇에 여백이 없이 가득 차 있으면 조금만 부어도 담아내지 못하고 물이 흘러내립니다. 아무리 큰 댐이라 하더라도 만수위가 되면 작은 비에도 감당하지 못하고 물이 넘쳐납니다. 수문을 열지 않으면 댐은 터질 수밖에 없습니다.

사람도 마찬가지입니다. 그릇이 가득 찬 사람들의 특징이 있습니다. 작은 일에도 화를 내고, 얼굴은 굳어 있고, 웃음이 없고, 말은 거칠고 전투적이며, 남을 지적하고, 자신이 한 작은 일을 크게 자랑합니다. 지는 것을 못 견디고 꼭 이겨야 합니다. 자기가 실수하고 잘못한 것은 즉시 잊어버리고 상대가 잘못한 것은 죽을 때까지 잊지 못합니다. 타인을 헤아릴 여유도 없고 배려도 없습니다. 자기는 해도 되고 타인은 해서는 안 됩니다. 나는 맞고 너는 틀리다고 주장합니다. 이것은 폭력입니다.

마음에 욕심이 가득 차서 흘러넘칩니다. 상대를 아주 없애버리는 완전한 승리를 원하지만 상대가 없으면 나도 없어집니다. 상대가 있어야 나도 있습니다. 아무리 큰 그릇이라도 채우기만 하면 넘치고, 작은 그릇이라도 비우면 넘치지 않습니다.

반야심경의 한마디가 생각납니다.

이것이 있으니 저것이 있고
저것이 사라지니 이것 또한 사라진다.

나 혼자 존재할 수 없습니다. 상대가 있어야 나도 존재할 수 있는 것입니다. 아무리 튼튼한 댐이라도 채우기만 하고 비우지 않으면 둑은 터집니다. 많이 얻고 싶으면 많이 비워야 많이 담을 수 있습니다. 양손에 든 것을 내려놓아야 다른 것을 받을 수 있습니다.

모든 것을 내려놓고 무한한 밤하늘의 깊은 곳에서 빛나는 별을 바라보세요. 인간이 자기 영달을 위해서 경쟁하며 정적을 몰아내고 고작 더 맛있는 것을 찾고, 더 좋은 집을 얻기 위해, 더 예쁜 옷을 입고, 그저 편안하게 살기 위해 숨을 쉬고 있다면 허무하지 않을까요? 이웃을 생각하고 사회에 도움을 주고, 세상에 뭔가 기여해 보려고 노력하는 것이, 인간이 만물의 영장답게 사는 것 아닐까요?

자연이 주는 경고입니다. 상대를 인정하지 않고 더 많이 가지고 더 많이 쌓으려는 행위를 멈추라고, 이웃을 바라보고 네 창고를 비워 베풀라고, 이제 그만 채우고 나누라고. 그만 파고 뚫고, 그만 파괴하고 생각을 바꾸라고. 그리고 나와도 같이 사이좋게 살자고. 인간에게 부탁하고 있는지 모릅니다.

    코로나는 언젠가 끝이 날 것입니다. 자연이 원하는 적정선까지 우리의 욕심이 내려갈 때, 미움에서 사랑으로 그리고 채움에서 비움으로 전환될 때, 교만과 무지를 인정하고 삶의 대전환을 맞이할 때, 자연의 상처가 치유되고 인간을 품을 수 있는 여유가 생기며 이웃을 바라보는 여유와 배려를 가질 때.
    비로소 코로나는 종식될 겁니다.

09

홀로서기

　　　　　　　　　친한 동생이 마스크를 하고 찾아왔습니다. 마스크를 벗기 전부터 한숨부터 내쉽니다. 꾸역꾸역 눌러온 그간의 답답한 속내가 한눈에 보입니다. 따뜻한 차 한 잔 내어주었습니다.

"지나는 김에 들렸습니다. 죽겠어요. 사람을 만날 수 있어야 뭘 하지 아무것도 못합니다."
"눈뜨고 나니 갑자기 시대가 변해버렸지?"
"그러게요. 가볍게 지나갈 줄 알았는데 이렇게 심각해질 줄 몰랐습니다. 앞으로 어떻게 될까요?"
"그걸 누가 알겠어?"

지금까지 경험하지 못했던 완전히 새로운 형태의 시대가 오는 것 같습니다. 어떤 의사가 쓴 글을 본 적이 있습니다. 집에서도 꺼림직해 사람들과 접촉을 안 하고 아예 따로 방을 쓴다고 합니다. 외출 후 집에 오면 스타일러에 옷을 넣고 혼자 밥 차려 먹고 각자 방에서 생활하며 출퇴근을 하고 있다니 정말 듣도 보도 못한 세상이 온 건 분명해 보입니다.

이제는 온라인으로 예배드린다니 말 다 했지요. 수백억 수천억을 들여 교회를 짓고도 교인이 없는 풍경을 실제로 보게 되다니요. 저는 예전부터 온라인 교회로 가야 한다고 주장했는데 생각보다 시기가 빨리 왔습니다. 저는 신을 믿는다는 것이 예배드리는 형식에 있는 게 아니라 신을 마음에 품고 신의 말씀대로 자신의 삶이 변화되고 사회가 변화되어야 한다고 믿었기 때문입니다. 신도의 숫자가 늘어난 만큼 사회와 나라가 깨끗해지고 정의로워지고 사랑이 많아졌느냐에 의문이 들었기 때문에, 예배의 형식보다 실천에 중점을 두어야 한다고 생각했습니다.

이제 선택의 여지 없이 강제로 세상이 변하고 있습니다. 이참에 하나님을 대중 속에 함께 만나는 관계에서 하나님과 나와의 관계에 집중할 수 있으니 오히려 좋은 기회가 된 건지도 모르겠습니다.

앞으로도 어떤 종류의 바이러스가 수시로 올지 모를 일입니다. 이런 상황이 토착화되면 모든 방식은 바뀔 수밖에 없겠지요. 팬데믹 상황이 끝난다 할지라도 경제, 사회, 정치, 문화 등 다방면에서, 밥 먹고 자고 쉬고 놀고 일하는 것까지, 대면의 시대에서 비대면의 시대로 바뀌어 가겠지요. 가족이 있으나 없으나 혼자 사는 시대가 된 것 같습니다.

식사도 함께 못 하고 동생을 보내 서운함이 밀려옵니다. 봄은 점차 와서 햇살은 따사로운데 마음 한구석이 허전합니다. 여럿이 모여 즐겁게 살던 모든 연결 고리가 이렇게 순식간에 끊어지게 될 줄 몰랐습니다.

좋든 싫든 혼자 살아야 하는 때입니다. 일도 취미도 종교도 공부도 말입니다. 누가 시켜서, 누가 관리해 줘서, 누가 도와줘서 하는 시대는 끝났습니다. 이제 아무도 대신해 줄 자가 없습니다. 자신을 스스로 움직이고 관리해야 하는 시대가 된 것입니다.

여럿이 있을 때는 자신은 없고 우리만 있습니다. 여럿이 있을 때는 자신이 없고 여럿 중에 일부분일 뿐입니다. 여럿이 모여서 합창을 하면 노래를 잘하는 줄 착각하지만 혼자 독창하면 실력이 드러나기 마련입니다. 혼자 되어 봐야 자기가 얼마나 약한지, 강한지, 스스로 설 수 있는 힘이 있는지 알 수 있습니다.

이런 시기가 얼마나 연속될지는 모르지만 사람은 혼자서 견디는 연습을 해야 합니다. 혼자서 하는 습관이 자신의 멘탈을 키웁니다. 스스로 혼자서 공부하고 기도하고 운동하고 배우는 그 순간부터 자신의 힘으로 설 수 있습니다.

인생은 어차피 혼자라는 것을 항상 인식하고 살아야 합니다. 쓰러지지 않고 혼자의 힘으로 서 있으려면 자신을 키워야 합니다. 지금은 자신을 키울 수 있는 하늘이 주신 큰 기회입니다. 이때 외롭다고 영화나 드라마에 빠지거나 핸드폰을 붙들고 지내는 것은 자신의 인생에 별 도움이 되지 않습니다. 스스로 혼자 서지 못하는 사람들은 여럿이 모이기를 좋아하지만 헤어져 돌아서면 또 외롭고 불안해집니다.

위기의 순간을 기회로 만든 사람들의 좋은 예는 너무 많습니다. 그들에게 기회가 있다면 나에게도 기회가 있습니다. 그동안 스스로 혼자 자신을 키울 수 있는 기회가 없었다면 지금이 바로 그때입니다.

성공한 사람들의 공통점이 있습니다. 매번 성공만 한 것이 아니라는 점입니다. 실패했을 때 일어나는 힘, 어떤 일이 있어도 초심을 잃지 않는 힘, 멘탈에 있습니다. 넘어져도 다시 일어나게 하는 탄성의 힘이 있어야 합니다.

혼자 있을 때가 자신을 키울 수 있는 기회입니다. 진정한 홀로서기가 무엇인지 생각해 볼 때입니다. 분명 시대는 눈부시게 발전하고 있지만 불확실성 또한 점점 커져가고 있습니다. 이 불확실하고 어정쩡한 시간을 승리로 만드는 것이 무엇인지 자문해 볼 때입니다.

  햇살이 참 좋은 날입니다. 그간 시간이 없어서 읽지 못했던 책을 책장에서 꺼냈습니다. 책장을 넘기니 빛줄기 사이로 옅은 먼지가 일어나는 것이 보입니다. 매일 청소를 해도 또 매일 먼지가 앉습니다.
  내 안에 털어내야 할 먼지는 없는지 책을 읽으며 구석구석 찾아봐야겠습니다.

성장을 위한 도약

01

틀을 깨다

　　　　　　　　시골에서 자란 저는 닭이 계란을 낳는 모습을 어렵지 않게 목격하곤 했습니다. 어린아이 주먹보다 작은 동그란 알도 신기했지만 ,그 알에서 병아리가 태어난다는 것이 더 신기했습니다.

　닭이 알을 품고 있었습니다. 어머니는 저에게 닭에게 가까이 다가가지 말라고 하셨습니다. 무언가에 집중하고 있던 탓인지 예전과 다르게 닭이 무서워 보였습니다. 그래서 어머니 말씀대로 간혹 모이만 주었습니다.

　움직이지 않는 돌멩이처럼 얌전히 모여 있는 알들을 그저 쳐다보기만 해도 마음이 편해지는 것 같았습니다. 그러던 어느 날 평소처럼 닭에게 모이를 주러 갔는데 병아리들이 둥지를 기어 나와 어미 닭 주변을 돌아다니고 있는 겁니다. 깜짝 놀라 한 발자국 떨어져 숨죽이고 지켜보고 있었습니다. 그러다가 저는 큰 소리로 어머니를 불렀습니다.

"엄마! 병아리들이 기어 나왔어요!"
"신기하지? 병아리들이 껍데기를 깨고 나오느라 고생했구나."
"병아리들이 스스로 껍데기 안에서 깨고 나오는 거예요?"
"그렇단다. 어미 닭은 병아리를 대신해서 알껍데기를 깨 주지 않아."

알껍데기를 깨려고 안에서 발버둥치고 있던 병아리가 상상되었습니다. 작고 밀폐된 어두운 공간에서 딱딱한 껍데기를 더듬다가 부리로 쪼아대기 시작했을 것입니다. 그러다가 작고 미세한 틈을 만들었을 것입니다. 그 작은 틈을 따라 빛이 들어왔을 겁니다. 희망이 생긴 병아리는 금이 생긴 선을 따라 안에서 강하게 쪼아대었겠지요. 부리와 양발을 이용해 힘겹게 껍질을 깨고 나와 세상을 만나게 되었을 것입니다.

몇 초 정도 주저하다가 한 발 한 발 내딛고 걷기 시작했을 것입니다. 그러다가 엄마를 부르는 듯 삐악삐악 소리를 내기 시작했을 것입니다. 알에서 깨어난 병아리의 천지창조를 상상하며 귀여운 병아리가 쫑쫑거리며 돌아다니는 모습을 한참 지켜봤습니다. 저는 그날 이후로 꽤 오랜 시간 동안 계란을 먹지 못했습니다.

왜 어미 닭이 병아리들을 위해서 대신 껍데기를 깨 주지 않았을까요? 힘센 어미 닭이 대신 깨 주면 쉽고 편하게 세상 밖으로 나올 수 있을 텐데 말입니다. 그저 때가 될 때까지 품어주기만 할 뿐입니다.

남이 대신 깨 주면 죽습니다. 병아리가 되려면 스스로 자신의 힘으로 알껍데기를 깨고 나와야 합니다. 타인이 함부로 깨 주다가는 생명으로 탄생하지 못하고 죽기 마련입니다. 타인이 해 줄 수가 없습니다. 엄마 배 속에 있는 아이도 때가 되기 전에 나오면 인큐베이터에 들어가 관리를 받아야 합니다.

틀을 깨는 것이 참 중요합니다. 자신의 틀을 깨는 것은 매우 힘든 일입니다. 자신이 가지고 있는 틀이 무엇인지 아는 것도 사실 쉽지 않습니다. 저도 사업을 하고 있지만 주변에 사업하시는 분들을 보면 어른이 되어서도 깨지 못하는 틀이 많다는 것을 실감하곤 합니다.

모든 사람이 다 성공하기를 원합니다. 지구에 살고 있는 70억이 넘는 인구 중에 성공을 원하지 않는 사람이 없을 겁니다. 저는 무언가를 진행할 때 50대 50이라고 생각합니다. 성공할 확률도 실패할 확률도 반이라는 것입니다. 10번 도전한다면 5번은 망할 수 있다고 생각합니다. 100%는 없습니다. 100% 성공은 없습니다.

　잘될 수도 있고 잘 안될 수도 있습니다. 모든 노력의 대가가 성공의 결과로 다 나타나지는 않습니다. 열심히만 한다고 다 잘되는 것도 아닙니다. 그래서 성공으로 가는 길에 우리는 곧잘 실패를 만나게 됩니다. 그런데 문제는 넘어졌을 때 일어나는 능력입니다.

　사업을 시작하면서 성공만 생각하는 것이 문제입니다. 실패할 수도 있다는 사실을 인정하지 않습니다. '반드시 된다', '내가 하면 된다'는 각오로 임하는 것은 좋지만, 자신의 틀인 고정관념을 깨지 못합니다.

　자신이 생각한 성공의 틀에 갇혀 있기 때문에 실패하면 일어나지 못합니다. 사업이 망했다고 자살하는 사업가들이 있습니다. 큰 실패를 했다고 삶을 포기해버립니다. 자신의 틀에서 봤을 때 끝났다고 생각하기 때문입니다. 사람은 누구나 실패할 수도 있습니다. 잘하는 사람들도 실패를 경험합니다. 그런데 거기서 좌절하면 정말 끝이 나는 겁니다. 실패할 수 있다는 가정을 해놓고 실패에 대비해야 합니다. 그리고 웃으면서 다시 시작할 수 있는 힘을 가진 사람이 최고인 겁니다. 포기하지 않는다면 아직 끝난 게 아닙니다.

　우리는 단 한 명도 빼놓지 않고 모두 실패의 경험이 있습니다. 태어나자마자 뛰어다니신 분이 계십니까? 걸음마를 배우며 계속 넘어집니다. 이마가 깨지기도 하고 계단에서 구르기도 합니다. 상처도 나고 멍도 듭니다. 넘어지기도 하고 부러지기도 합니다. 하지만 시간이 지나면 다 아물지 않습니까?

멀리서 부르는 엄마 품에 안기려 뒤뚱뒤뚱 어설프게 걸어갑니다. 자신이 일어나 걷기 시작한다는 사실에 신이 나서 더 빨리 가려다가 넘어집니다. 우리 사는 인생살이가 어릴 적 걸음마 안에 담겨 있습니다. 어른들은 아이들이 걸음마를 배우면서 넘어지는 것을 인정합니다.

넘어지는 것을 너무나 당연하게 생각한다는 것입니다. 그것을 실패라고 보는 부모님은 없습니다. '내 아이는 이제 끝났다.', '쟤는 앞으로 절대 못 걸을 거야.'라고 생각하는 부모님은 없습니다. 아이가 넘어져 주저앉아도 꿈틀꿈틀 움직이며 또 혼자 힘으로 일어납니다. 그렇게 놔두면 다시 일어나는 능력이 다 있습니다. 아이들이 커 가면서 과정 중에 넘어지는 것을 당연하게 인정하면서, 어른들은 정작 자신들의 실패는 인정하지 않습니다.

잊지 말고 하라고 해도, 시간이 지나면 또 잊어버리는 게 우리 인간입니다. 그걸 가지고 낙심할 건 없습니다. 넘어졌다가 일어났다가를 반복하면서 사는 것이 인간입니다. 낙심하지 않는 사람만이 성공할 수 있습니다. 쓰러지지 않는 사람은 없습니다. 실패하지 않은 인생은 아무도 없습니다. 성공과 실패가 인생 곳곳에 섞여 있는 것입니다.

　아무것도 남은 것 같지 않지만 여기까지 걸어온 것이 남아 있지 않습니까? 사업하다 실패했다 하지만 사업을 진행하면서 쌓아온 실력과 인프라는 그대로 남아 있지 않습니까? 인간관계를 실패했어도 그로 인해 깨닫는 것이 있지 않습니까? 망했다, 끝났다 해도 완전히 제로 베이스로 내려가는 것은 없습니다. 아이들이 일어났다 넘어졌다를 반복하고만 있는 것 같지요. 그래서 계속 넘어질 것만 같지요.

　아닙니다. 넘어지면서 다음번에는 어떻게 일어나야겠다는 것을 몸이 알고 있습니다. 몸이 배웁니다. 이렇게 안 되었으니 다음번에는 저렇게 일어나야 하는구나 몸이 이미 알고 있는 겁니다. 제 아들은 어려서부터 스키, 자전거, 축구 등 여러 가지 운동을 했습니다. 수시로 뼈가 부러지고 뇌진탕에 걸리고 피 나고 다치기 일쑤였습니다. 그래도 말리지 않았습니다. 지금은 모든 운동을 지나치지 않게, 다치지 않게 능숙히 하고 있습니다. 만약 그때 제가 아이가 다친다는 이유로 운동을 말렸다면, 현재 어떤 운동도 하지 못할 것입니다.

　의식적으로 걷는 사람은 없습니다. 무의식적으로 다들 걸어 다닙니다. '왼발을 먼저 내딛고 그다음 오른쪽 무릎을 굽혀서 오른 다리를 끌어와서 내딛어야 하는구나'라고 생각하면서 걷는 인간은 지구상에 아무도 없습니다. 그동안 해 왔던 것이 축적되어 몸이 알고 있기 때문에 가능한 것입니다. 그러기에 사업이든 사랑이든 어떤 일이든 실패했다고 끝이 아닙니다. 자신이 가진 모든 것을 완전히 잃어버린 것이 아닙니다. 당신의 머릿속에 마음속에 몸속에 축적되고 누적된 것은 계속 돌아갑니다. 실패하는 순간에도 작동되고 있는 겁니다.

우리가 배워야 할 것은 쓰러졌을 때 일어나는 힘입니다. 쓰러지지 않는 걸 배우는 것도 중요합니다. 하지만 사람은 누구나 언제든지 넘어질 수 있기 때문에 넘어졌을 때 일어나는 법을 배우는 것이 더욱 중요합니다. 결국 일어나야 다음 장으로 넘어가게 돼 있습니다. 끝났다는 생각에서 벗어나세요. 끝났기 때문에 모든 것을 잃었다는 자신의 틀을 깨고 나오세요. 겨울이 지나야 봄이 오고, 해가 져야 다시 뜹니다. 일어나는 힘을 갖추는 것, 그것이 진정으로 강한 사람입니다.

넘어졌다면 지금이 일어날 때이고, 끝났다고 생각한다면 새로운 시작의 때가 온 겁니다.

02

떠나야만 얻을 수 있는 것들

'한 우물만 파라'는 어른들 말씀이 있습니다.

제가 어릴 적엔 자주 듣고 살았습니다. 하던 일을 자주 바꾸면 아무 성과가 없기 때문에, 한 가지 일을 끝까지 하여야 성공할 수 있다는 한국 속담입니다. 물이 안 나와도 죽어라고 한 우물만 파는 사람도 있고, 물이 안 나오면 바로 다른 것을 찾아서 떠나는 사람도 있습니다. 예전에는 직장을 다녀도 평생 한 직장을 다니는 것을 미덕으로 여기며 살았습니다. 직장을 여기저기 옮기면 이상한 사람이라고 생각했습니다.

힘들어도 참고 견디며, 못 해 먹겠다고 하면서도 그 직장을 떠나지 못합니다. 힘들어서 도저히 농사를 못 하겠다고 하면서 평생 농사짓고 삽니다. 제가 농사하면서 못 살겠다고 고향을 떠나서 도시로 간다고 할 때, 아버지는 이런 말씀을 하셨습니다. '집 떠나봐야 고생이다. 세끼 밥 먹는 것이 쉬운 줄 아냐? 힘들어도 농사를 지으면 세끼 밥은 꼬박꼬박 먹고 살 수 있다.' 그러시면서 집 떠나면 죽을 고생하고 입에 거미줄 안 치면 다행이라고 하셨습니다.

저는 죽어도 도시에 가서 죽겠다 했습니다. 아버지의 불호령 같은 말씀을 뒤로하고 고향을 떠났습니다. 전깃불도 안 들어오는 깜깜한 시골에서 살다가 말로만 전해 듣던 도시로 향했습니다.

거미줄이라니요……. 1년에 한두 번밖에 못 먹던 돼지고기와 맛있는 음식을 수시로 먹었습니다. 시골에서 현금을 만져 보기도 힘들었는데 제 지갑에는 큰돈은 아니어도 현금이 항상 들어있습니다. 제가 살던 시골에 전기가 들어왔을 때 가장 먼저 선풍기를 사다 드렸습니다.

지금 와서 드는 생각이지만 그때 아버지 말씀을 들었더라면 큰일 날 뻔했습니다. 저는 시골에서 농사짓는 아버지를 보며 '왜 고향을 떠나 도시로 가서 살지 못할까? 기존에 살던 방법을 바꾸지 못하실까?' 하는 의문이 들었습니다.

그렇다고 도시가 만만하지는 않았습니다. 도시에 적응하고 새로운 일을 배우는 것이 쉬웠던 것은 아니지만 도시는 시골보다 다양한 기회를 주었습니다.

왜 우리는 있던 곳을 떠나 새로운 곳으로 가지 못하는 경우가 많을까요? 왜 생각만 하고 실행에 옮기지 못할까요?

작은 성공의 달콤함에 빠져서 다른 곳을 보지 못하기 때문입니다. 그동안 살아온 것이 원래 하던 것이라 편안하고 길들어 있기 때문입니다. 안정감을 주는 익숙함에 머물러 있기 때문입니다. 울타리를 벗어나는 것이 두렵기 때문에 뭔가 해 보기도 전에 포기하기 때문입니다. 집 떠나면 힘들 것 같고, 입에 거미줄 칠 것 같은 위험부담이 있기 때문에 떠나지 못합니다. 당연히 집 떠나면 고생입니다. 그런데 안 떠나고 그대로 살아도 고생입니다. 바뀌는 것도 없이 쳇바퀴 돌 듯 그대로 살아가니 더 고생인 겁니다.

험난한 세계의 지붕을 올라가는 산악인들을 보고 있으면 머리가 쭈뼛 섭니다. 그들이라고 두렵지 않은 것이 아닙니다. 오히려 산을 아는 사람이 산이 얼마나 두려운 것인지 잘 압니다. 산을 타다가 죽을 수 있음을 그들이 더 잘 알 것입니다. 예기치 못한 상황에서 동료와 선후배를 잃어 보기도 하고 되찾기도 했을 것이니 말입니다.

새로운 세계를 개척하는 사람은 일이 자신의 뜻대로 움직이지 않을 확률이 얼마나 높은지, 그 사업이 얼마나 많은 변수에 따라 달라질 수 있는지 더 잘 압니다. 그럼에도 안주하지 않고 도전하는 것입니다. 자신의 틀을 벗어나 도전하는 겁니다. 이런 사람들에 의해서 예전의 기록이 깨지고, 새로운 기록이 생기며, 새로운 목표가 갱신되고, 새로운 루트가 개척됩니다. 이렇게 도전을 멈추지 않는 사람들에 의해 세계는 변화하고 인류는 발전합니다.

   인류나 세계까지 볼 것 없습니다. 우리 자신을 바라봅시다. 무엇이 변해야 하는지, 무엇이 변할 수 있는지, 어떻게 해야 더 발전할 수 있는지 스스로를 바라봅시다.
   자신이 살아온 것에 익숙해지고 안정적인 것에 중점을 두면 절대로 새로운 것에 도전할 수 없습니다. 주변을 한번 둘러보세요. 새로운 사업을 시작하는 사람들을 보세요. 남들이 하지 않은 장르를 개척하고자 하는 사람들을 보세요. 요즘 시대가 얼마나 빠르게 변화하고 있습니까? 생활 곳곳 전반에서 지속적이면서도 급격하게 바뀌고 있습니다.

   은행 업무나 금융거래를 하는 것, 식당에서 음식을 주문하는 것, 비행기를 예약하는 것, 심지어 차를 타고 이동하는 방식에 이르기까지 모든 것이 바뀌고 있습니다. 그뿐입니까? 연애방식도 달라지고 결혼방식도 달라졌습니다. 운전방식도 달라지고 있고, 법도 달라지고 있습니다. 예전엔 당연시했던 것들이 지금은 매너가 없고 예의가 없는 것으로 인식이 바뀌었습니다.

기술과 함께 문화와 상식까지도 변화하고 있습니다. 지금 이 순간에도 무엇인가 변화되고 진화된 것이 멈추지 않고 쏟아져 나오고 있습니다.

나는 변화에 도태되고 있는가, 변화를 주도하고 있는가, 혹은 변화를 잘 활용하고 있는가 생각해 봐야 합니다. 가장 쉽게 바뀔 수 있는 것이 무엇일까요? 나 자신입니다. 남을 바꾸고 가정을 바꾸고 사회를 바꾸는 것은 어려울 수 있지만, 나 자신을 바꾸는 것은 타인과 사회를 바꾸는 것보다 쉽습니다.

변화를 두려워하지 마세요. 개인의 삶 속에 변화를 추구해 보세요. 열심히는 하는데 잘 안 된다면 방법을 바꿔 봐야 합니다. 결과물이 생각만큼 안 나온다면 다르게 생각해 봐야 합니다. 정체되어 있다면 둥지를 털고 떠나봐야 합니다. 꼭 집을 박차고 나와 삶의 환경을 바꾸라는 말이 아닙니다. 집을 떠나지 않더라도 시도할 수 있는 것들이 있습니다. 정작 떠나야 하는 것은 물리적인 집이 아니라, 자신이 안주해 있는 정신적인 집입니다. 하던 일을 더 잘하기 위해서 노력하는 것도 변화의 시작입니다.

자신이 할 수 있는 범위 내에서 작은 변화를 지속적으로 시도해 봐야 합니다. 전쟁으로 무너져 폐허가 되다시피 했던 이 땅이 그 짧은 시간에 비약적으로 발전한 모습을 보세요. 내 안에는 변화하고 발전하게 만드는 원동력이 충분합니다.

당신은 혹시 변화의 능력이 있다는 것을 모르고 현실에 안주하며 살고 있지는 않습니까?

03

확장의 결정적 역할, 포용력

　　　　　　　　　　예수님의 일화 중에 인상 깊었던 부분이 있습니다. 예수님에게는 열 두 제자가 있었습니다. 아마도 제자들에게 바라시던 기대치가 있었을 것입니다. 그런데 제자들이 예수님이 원하시는 만큼 증거를 잘하지 못 하니, 저 길거리의 돌들로 하여금 나를 증거하게 하겠다고 말씀하셨습니다. 그때도 아마 전도가 잘 안 되었던 모양입니다. 예나 지금이나 전도가 쉽지는 않은 것 같습니다. 예수님 때 복음을 전한다는 것은 목숨을 건 일이었습니다. 전도하기 위해서는 죽을 각오의 결단이 필요했습니다.

　최근 다시 성경을 읽으면서 예전에 발견하지 못했던 놀라운 점을 찾게 되었습니다. 제자 중의 하나인 베드로는 어부였습니다. 공부를 따로 하거나 특별히 배운 사람이 아니었나 봅니다.

그런데 왜 예수님께서 천국의 열쇠를 맡기셨을까 궁금했습니다. 어떻게 로마의 초대 교황이 될 수 있었을까 의문이 들었습니다.

또 하나의 제자가 등장합니다. 사도바울입니다. 예수님과 제자들을 끈질기게 핍박하고 죽이려 들었던 인물입니다. 제자들은 아마도 사도바울을 피해 이리저리 숨어다니고 징글징글했을 것입니다. 원수 중의 원수였을 것입니다.

그런 사도바울이 결국 예수님을 구세주로 받아들이게 됩니다. 그리고 제자들 앞에 사도바울이 나타납니다. 그가 나타났을 때, 제자들의 반응이 상상이 되십니까? 두려워했던 제자도 있을 것이고 죽이려 달려들었던 제자도 있었을 것입니다. 절대 받아들일 수 없다고 반대하던 제자도 있었을 것입니다. 저였으면 감히 어디를 왔냐며 보이는 순간 다짜고짜 달려들었을지 모릅니다.

베드로는 예수님을 영접한 사도바울을 받아들입니다. 그리고 인정해줍니다. 그 후 사도바울이 문제를 인식하고 제안을 합니다. '이대로 해서는 안 된다. 우리가 이방인들도 전도해야 한다.'고 했을 때 베드로는 동조했습니다. 유대인만의 왕이었던 예수님이었습니다. 유대민족은 다른 민족과 다르다는 자부심으로 살았습니다. 그런데 예수님의 말씀을 당시 짐승 취급하던 이방인에게 전해야 한다고 했을 때 베드로가 그 의견을 받아들인 것입니다. 엄청난 포용력입니다. 베드로가 사도바울의 의견을 존중하고 실행하였기에 지금의 신약의 역사, 기독교 역사가 일어날 수 있었습니다.

성경에 자세하게 기록되어 있지는 않지만 저는 그런 생각을 해 봤습니다. 베드로가 아무리 못 배운 어부 출신이었다 할지라도 예수님의 말씀을 처음으로 듣고 받아들인 사람입니다. 제자들 안에서도 보이지 않는 서열이 존재하였을 것입니다. 또 개인적으로 예수님의 첫 번째 제자라는 남모를 자부심이 있었으리라 짐작해 봅니다. 그런 베드로가 보여준 포용력은, 그가 가진 진짜 강점을 재발견할 수 있는 지점입니다.

예수님의 제자들이 사도바울을 배척했다면 신약의 역사가 어떻게 흘러갔을까요? 지금처럼 큰 역사가 이뤄지지 않았을지도 모를 일입니다. 신약성서의 절반 이상을 사도바울이 썼습니다. 대단한 역사를 이루어내었죠. 사도바울도 위대하지만 베드로도 위대합니다. 그가 없었다면 성경책이 지금보다 한참 얇아졌을 것입니다.

예수님의 말씀이 유대민족을 넘어서 전 세계로 퍼질 수 있었던 결정적 계기는 그때 벌어진 것입니다. 말씀을 증거 하는 데 있어서 영역을 두지 않았다는 겁니다. 어떠한 장벽도, 기존의 관습도 뛰어넘었다는 거죠. 상대를 포용하고 인정하는 베드로의 모습을 재발견하며 초대교황이 될 자격이 충분하고도 남는다는 생각을 했습니다.

남과 나를 가르고, 네 편과 내 편을 나누는 세상입니다. 편을 가르는 순간 필연적으로 적을 만들게 됩니다. 양지로 기울어지는 순간 음지를 잃어버립니다. 밤과 낮이 공존하기에 낮에는 일을 하고 밤에는 휴식하는 균형 잡힌 일상이 시작됩니다.

나의 시각만이 옳다고 고집부린다면 다양한 관점의 공존은 불가능해집니다. 상대를 어떻게 보는가는 자신이 지닌 시각에 따라 달라질 수 있습니다. 상대를 인정하고 통할 수 있는 길을 열어줄 때, 생각하지 못했던 시너지가 일어납니다.

상대를 포용할 때, 영역을 확장할 수 있는 가능성도 함께 열립니다.

04

부정적인 생각을 버리면
답이 보인다

개인적으로 사정이 어려울 때였습니다. 어느 날 밤 집사람이 애들 학원을 그만 보내야겠다고 합니다. 경제적으로 힘이 드는 상황에 빚도 갚아야 했던지라 줄일 수 있는 것부터 손봐야 했던 때였습니다. 저는 대수롭지 않다는 듯 내가 바로 해결할 테니 그냥 두라고 했습니다.

말은 그렇게 해두었지만 금방 나아질 상황이 아니었습니다. 딱히 해결 방법이 떠오르지 않았습니다. 밤새 뒤척이다 결국 잠을 자지 못하고 출근했습니다. 머릿속이 복잡해 일이 손에 잡히지 않았습니다. 현장에 있는 작은 침상에 누워 허연 천장만 바라보다 하루를 보냈습니다.

'도대체 뭐가 문제지?'
'죽어라 한다고 했는데 왜 이렇게 된 거지?'
'어디서부터 잘못된 거지?'
'내가 놓치고 있는 게 뭐지?'

별의별 생각이 머릿속을 떠나지 않았습니다. 스스로 묻고 또 물었습니다. 그런 상태로 거의 3일 밤을 새우고 나니 제정신이 아니었습니다. 밥맛도 없고 의욕도 없고 거의 정신 줄을 놓을 지경이었습니다. 집사람에게 '내가 우울증인가? 잠이 안 온다.' 했더니 황당하다는 듯이 쳐다봤습니다. 대한민국 사람이 다 우울증 걸려도 당신은 안 걸린다고 하면서요.

처음 부모님과 함께 살던 집을 떠나올 때가 생각났습니다. 아무것도 없이 돈 몇천 원을 쥐고 사글셋방에서 시작했습니다. 도움받을 데도 없고 아는 사람도 없는 곳에서 막막했던 그때의 심정이 기억났습니다. 무슨 일을 해야 할지도 몰랐습니다. 닥치는 대로 뭐라도 해보겠다는 의지 하나로 버티던 때가 생각났습니다. 동지섣달 노동판을 떠돌며 잡부 일부터 시작했었습니다.

'그래. 그때는 정말 빈손이었지만 지금은 아니다.'
'비록 빚은 있지만 집도 있고 땅도 있고 차도 있다.'
'집사람도 있고 애들도 있는데 뭐가 걱정인가.'

'맨몸으로도 여기까지 왔는데, 팔 것 있으면 팔아서 빚 갚고 또 시작하면 되지.'

이렇게 생각하니 마음이 가벼워졌습니다. 며칠 만에 다시 잠들 수 있었습니다. 아침에 일어나자마자 아내 몰래 서랍부터 뒤졌습니다. 아끼던 금붙이와 카메라도 꺼내고 돈이 될 만한 것들은 다 꺼냈습니다. 물건들을 몽땅 내다 팔아 이자부터 갚았습니다. 가지고 있는 땅을 팔려고 하니 값을 너무 싸게 불렀습니다. 처음에는 아깝다 못해 억울한 생각까지 들었습니다.

'괜찮다. 아깝다고 생각하지 말자.'
'애들이 우선이다. 집을 일으키는 것이 먼저다.'
'다 해결하고 다시 시작하면 된다.'
'돈은 다시 벌면 된다.'

긍정적으로 생각을 바꾸고 다시 시작한다고 결심하니 마음이 가벼워지고 어떤 것도 아깝지 않았습니다.
처음에는 처참한 생각이 들었고 모든 것이 다 무너질 것만 같았습니다. 그러나 마음을 비우고 모든 것을 다시 시작한다고 생각하니 편안했습니다. 언제 그랬냐는 듯 차분하게 마음이 가라앉고 현재 상황에서 할 수 있는 것에만 초점이 또렷이 맞춰졌습니다.

막상 다시 시작해 보니, 처음 했던 것보다 더 좋은 조건으로 시작할 수 있었습니다. 그동안 일하며 쌓인 경험과 실력이 있었고, 어려운 일을 겪으며 다져진 내공과 인적 인프라가 있었기 때문이었습니다.

'정말 중요한 것은 돈이 있고 없음이 아니라 마음먹기 달렸다'는 기준이 생기니 없던 힘도 생겨났습니다.

긍정적인 생각으로 바꾸면 모든 것을 다 잃어버려도 다시 일어날 수 있습니다. 실패와 실수를 통해 진짜 자산이 무엇인지 배웠기 때문입니다. 누군가 가진 것을 다 회수해 간다 하여도 제가 가진 생각과 지금까지 쌓아온 실력과 경험은 누구도 가져갈 수 없습니다.

예기치 못한 일이 생기면 불안하기 마련입니다. 인간은 근본적으로 불안한 존재이기에 더욱 그러합니다. 한 치 앞을 모르며 살기 때문에 안정을 추구하며 살게 됩니다. 내일 무슨 일이 터질지 모르며, 언제 회사에서 잘릴지 모르고, 언제 병들어 죽을지 모릅니다. 그런 불안을 안고 살아가기에 부정적이 되기 쉽습니다.

긍정적으로 생각하느냐, 부정적으로 생각하느냐 하는 것은 일을 해결하는 데 결정적인 역할을 합니다. 보통 99%의 성공 확률이 있어도 1%의 실패 확률을 가지고 99%를 부정합니다. 긍정적인 사람들은 99%의 부정적인 위험성이 있어도 1%의 가능성을 보고 매달립니다. 긍정적인 사람이라고 위험성을 인지하지 못하거나 두렵지 않은 것이 아닙니다. 두려움에 맞서는 용기와 '한번 해 보자'라는 정신으로 부정적인 생각을 이겨내는 것입니다.

지인 중 한 분이 비행기를 못 탑니다. 비행기는 사고가 나면 100% 죽으니 비행기는 무서워서 못 타겠다고 합니다. 그러나 통계를 보면 한 해에 자동차 사고로 죽는 사람이 비행기 사고로 죽는 사람보다 월등히 많습니다. 자동차를 타든 비행기를 타든 사고 위험은 항상 있습니다. 불안하다고 안 탈 수 없는 것이고, 안전을 보장한다고 해서 사고가 없는 것은 아닙니다.

세상일도 그러합니다. 모든 조건이 완벽하고 긍정적일 때 시작할 수 있는 일은 없습니다. 위험 요소가 다 제거되고 나서 일을 시작한다면 죽을 때까지 어떤 일도 할 수 없습니다. 그렇다고 아무 일도 안 하고 가만히 있을 수도 없습니다. 어차피 해야 하는 일이고 불안하다면 긍정적으로 생각하세요. 긍정적으로 생각의 키를 돌리는 순간, 부정적인 환경과 여건을 이겨낼 만한 용기가 옵니다. '이래서 안 되겠다'라는 이유를 찾을 시간에, '이래서 될 수밖에 없겠다'라는 근거를 찾으세요.

긍정적인 생각을 하면서부터, 안 보이던 것들이 보입니다. 해결 방법이 보이고, 아이디어들이 떠오릅니다. '안 된다'는 것에 비중을 두기 시작하면 무슨 일이든 불안해집니다. '된다'는 것에 무게를 두면 무엇부터 하면 좋을지 떠오르게 됩니다.

05

굳어버리지 않으려면

　　　　　　　　　　　지인 한 분이 학교 선배를 만났다고 합니다. 얼마 전에 있었던 지방선거에서 서울의 한 구청장으로 당선이 된 모양입니다. 사무실을 이전하는데 얼굴 볼 겸 오라 해서 오랜만에 찾아갔다고 합니다. 문을 열고 사무실에 들어서는데 그간 한 번도 보지 못했던 엄숙한 포즈로 서 있더랍니다. 정치계에 성공적으로 입문한 것을 서 있는 자세만 봐도 느낄 수 있었다고 합니다. 제 지인은 '목에 깁스를 한 줄 알았다', '저러다 목이 부러질 것 같다'하며 농담 아닌 농담을 했다고 하더군요.

　　경직된 겁니다. 목이 굳은 것입니다. 그 구청장이 기세등등하게 꼿꼿이 고개를 들고 남들을 하대하듯 서 있는 모습이 눈에 선연했습니다. 멀쩡한 어깨를 가진 사람이었는데 직위를 얻는 순간 어깨가 한껏 하늘로 솟구칩니다. 저도 살면서 많이 보아왔던 풍경입니다.

 높은 자리에 올라갈수록 낮아져야 합니다. 위치가 높아질수록 유연해져야 합니다. 권세와 권력을 가지면 가지는 만큼 희생을 감수할 수 있어야 합니다. 가진 힘의 무게를 감당하며 다스릴 줄 알아야 합니다.

 그런데 힘을 가질수록 힘을 드러내는 것에만 집중하는 사람들이 많습니다. 무릇 정치계에서만 볼 수 있는 광경은 아닙니다. 학계나 종교계도 그러합니다. 회사 내에서도, 가정에서도 얼마든지 목격할 수 있습니다. 한 단계 위에 있다고 경직되어 뻣뻣하게 구는 사람들이 있습니다. 유연성이 떨어지는 것이죠. 학문적 유연성, 신앙적 유연성이 떨어지는 것입니다. 유연성이 떨어지는 신앙적 경직성을 뭐라고 봐야 할까요? 계율과 교리, 문자신앙입니다. 유연하게 사고하지 못하고, 교리와 문자에 갇혀있는 것입니다. 자기 종교 외에는 인정하지도 않고 알지도 못하면서 무시해 버립니다. 그게 신앙의 경직성입니다
 경직된 사람들은 자기만 옳고 자기 진영만 올바르다고 생각합니다. 직장에서도 가정에서도 자신의 위치와 지위에 갇혀있는 사람들이 많습니다. 자기 기준을 만들어 놓고 기준에 미달되면 무시해 버립니다. 그만큼 경직되어 있는 겁니다.

 내가 사장인데, 내가 가장인데, 이 정도 대우는 받아야지……. 이런

생각에 굳어져 있는 겁니다. 내가 목사인데, 내가 국회의원인데, 어디 감히······. 이런 생각에 갇혀 있습니다. 순수성을 잃어버린 것입니다.

순금은 24K입니다. 거기에 금속을 섞으면 18K가 되고 더 섞이면 14k가 됩니다. 순금에 금속이 섞일수록 값은 낮아지고 점점 단단해집니다.

어린아이들이 운동장에서, 놀이터에서 뛰어노는 것을 본 적 있을 겁니다. 어린이들은 준비운동을 안 합니다. 5살, 7살 먹은 아이들이 준비운동하고 뛰는 것을 본 적 있습니까? 애들은 바로 뛰어요. 그리고 마구 뜁니다. 보고 있는 부모님들은 뛰지 말라고 소리소리 지릅니다. 애들은 아랑곳하지 않습니다. 뛰고 굴러도 끄덕 안 합니다. 유연하기 때문입니다. 유연해서 잘 다치지도 않습니다. 다치더라도 금방 나아 버립니다. 경직된 건 안 좋습니다. 경직됐다는 것은 그런 것만 경직되는 게 아닙니다. 뻣뻣한 걸 좋아하는 사람은 없습니다.

유연해야 합니다. 유연함은 삶의 형태에서 나타납니다. 얼굴에 주름이 지고 몸이 늙어 형태가 변해도 괜찮습니다. 마음이 경직되고 생각이 경직되면 삶이 어려워집니다. 삶의 곳곳에서 동맥경화 증상이 나타나게 됩니다. 어린아이같이 유연해야 됩니다.

과거에는 정해진 궤도를 충실하게 따라가기만 해도 되었습니다. 단

순하고 정형화된 틀 안에서 획일화된 자세를 유지해도 괜찮았습니다. 지금과 같은 변화무쌍한 시대에는 미래를 예측한다는 것이 거의 불가능해 보입니다. 단 1년 만에 지난 수십 년의 변화가 일어나고 있으니 말입니다.

이런 환경에서 가장 필요한 것은 상황과 여건에 따라 생각의 깊이와 넓이를 조절할 수 있는 유연함입니다. 특히 나이가 들수록 굳어있지 않은 유연한 사고력이 필요합니다.

06

끝까지 하는 자의 성취

서울에서 IT 사업을 하는 친구가 있습니다. 업계에서 어느 정도 자리도 잡았고 최근 사업 규모를 키우는 중이라 잘하고 있겠거니 했습니다. 그런데 전화기 뒤로 들리는 곡소리가 무척이나 늘어가고 있습니다.

"아이고, 내가 진짜 죽겠다."
"왜 그러냐."
"신규 직원을 40명 뽑았는데, 2달 만에 4명이 나갔다. 4개월 되니 남은 사람이 32명이다. 남은 사람 중에 또 누가 나간다고 할지 모르겠어. 요즘엔 잠도 안 온다."
"회사 일이 너무 힘든 거 아니냐?"

"친구야. 우리 회사만큼 직원 복지 좋은 데가 또 있냐? 근무 환경, 하는 일, 회사에 대한 모든 것, 입사 전에 다 확인하고 고용계약서 쓴 사람들이 6개월도 못 하고 그만두는 게 말이 되냐?"

"예전에야 평생 한 직장에 매달려서 살았지만 지금은 선택할 수 있는 폭이 넓어졌으니 더 좋은 직장을 찾아서 가는 거겠지."

"아니, 그럼 입사를 하지나 말지. 입사했다가 바로 나가면 어떻게 하냐고. 끈기가 없는 것도 정도껏이지. 다 큰 성인인데 최소한의 책임감이라는 게 있어야지, 아예 없어."

"이 친구야, 그건 자네 사정이고 막상 직장에 와 보니 생각보다 힘드니까 나가겠지. 나가는 사람들이 사장 입장 생각하겠나? 자네나 나나 이제 옛날 사람이야. 이해가 안 되더라도 세상이 이렇게 바뀌었구나 생각하고 세상에 맞추어 살아라."

"세상이 언제는 우리 생각대로 돌아갔냐? 세상 사는 게 언제는 쉬웠어?"

"어떤 박사님이 요즘 아이들은 우리와 전혀 다른 새로운 종이라고 하더라. 우리가 진돗개처럼 야성을 지닌 개라면 지금은 푸들 같은 새로운 종이 나타난 거지. 환경에 따라 계속 새롭게 태어나는 거야."

"너는 시골에 있으니 못 느끼나 본데 서울 와서 사업해 봐라. 진짜 못 해 먹겠다. 어쩌다 이 지경이 되었는지 모르겠다."

"내 자식도 내 마음대로 안 되는 거야. 너 그 상태로 사업하면 화병 나서 명대로 못 산다."

"사업 망하기 전에 진짜 내가 먼저 죽을 것 같다."

무슨 일이든 꾸준히 오래 한다는 것은 매우 힘든 일입니다. 아버지께서는 '끝까지 해야 한다. 그런데 끝까지 하는 게 힘든 일이다'라고 입버릇처럼 말씀하셨습니다.

한창 젊었을 때는 그 말씀을 이해하지 못했습니다. 일을 하다 안 되면 빨리 다른 일을 찾아서 해야지, 끝까지 한다고 성공한다는 보장이 없다고 생각했기 때문입니다. 맞지도 않은 일을 죽을 때까지 하는 것만큼 괴로운 일은 없다고 생각했습니다. 미련하게 한 가지에만 매몰되어 있을 필요가 없다고 판단했습니다. 시간이 지나면서, 제 생각이 단편적이었다는 것을 알게 되었습니다. 아버지의 말씀을 한 가지 측면에서만 해석을 했던 것이지요.

나이 들어서 마라톤을 하게 되었습니다. 지인 한 분이 마라톤을 열심히 하셔서 관심을 갖기 시작했다가 그분의 권유로 마라톤에 참여하게 되었습니다. 전문적으로 마라톤 선수를 할 것도 아니었고 '힘들면 그만두면 되지.' 하는 아주 가벼운 마음으로 시도해 봤습니다. 제가 어디까지 뛸 수 있을지 궁금하기도 했습니다. 그분도 취미로 시작하셨는데 여러 번 완주하는 걸 보니, 나도 뛸 수 있다고 생각하고 참석했습니다.

출발한 지 얼마 되지 않아서 제 판단이 잘못되었음을 알고 후회했습니다. 제 오산이었습니다. 마라톤의 거리는 42.195km입니다. 5분의 1도 못 간 7km에 도달했을 즈음, 확실한 제 오산이었음을 알게 되었습니다. 끝까지 포기하지 않고 한다는 것이 결코 쉬운 일이 아님을 온몸으로 체감할 수 있었습니다. 수만 명이 마라톤 코스를 함께 뛰고 있지만 저는 철저하게 혼자였습니다.

팔만 뻗으면 닿을 거리에 많은 사람이 같이 뛰고 있었지만 모두가 혼자였습니다. 제가 아무리 힘들어도 같이 간 지인도, 그 어떤 사람도 저를 도와줄 사람이 아무도 없었습니다. 자신들도 각자 다 힘겹게 뛰고 있었기 때문입니다. 믿을 것은 자신뿐이었습니다. 포기하고 돌아가고 싶지만 지금까지 연습하고 준비한 시간이 아까웠습니다. 죽을 것 같았지만 마라톤 뛰다가 죽었다는 얘기는 아직까지 못 들어봤다는 생각이 들었습니다. 진짜 죽지는 않겠구나 싶었습니다. 여기까지 왔는데 포기하기 아까웠습니다.

몇 시간째 뛰다 보니 반자동적으로 뛰고 있었습니다. 머릿속은 온통 힘들다는 생각뿐이었습니다. 마라톤이 정말 인생 같구나 싶었습니다. 이렇게 많은 사람들이 옆에서 함께 뛰고 있었지만 각자의 인생길을 달리고 있는 것입니다.

함께 모여 사는 세상이지만 혼자 가야 하는 인생길입니다. 옆에서 누가 도와줄 수 있는 것도 한계가 있습니다. 물을 건네주거나 수건을 건네주는 정도입니다. 뛰다가 힘들다고 옆에서 도움을 줄 수 없습니다. 그랬다가는 바로 실격 처리가 되어버립니다. 스스로의 힘으로 다시 일어나야 합니다.

처음에 뛰기 시작할 때는 몸도 가볍고 컨디션도 나쁘지 않았습니다. 주변도 쳐다보고 하늘도 바라보면서 여유를 부리기도 했습니다. 한 시간쯤 지나자 속도가 급격히 느려지면서 온몸의 무게가 발목으로 느껴졌습니다. 분명 내 다리인데 지상에서 다리를 끌어올리는 것이 버거워지기 시작했습니다. 점점 숨을 쉬는 것이 힘겨워졌습니다. 박수 치며 응원하던 관람객들의 환호 소리도 어느새 들리지 않습니다.

평상시에는 호흡을 느끼지 못할 정도로 아무렇지 않게 편히 숨을 쉬었구나 싶었습니다. 들숨 날숨 한 번의 호흡에도 폐가 가슴을 뚫고 나올 것만 같았습니다. 땀이 흐르는데 팔을 들어 땀을 닦을 기력이 없습니다. 헉헉대는 나의 숨소리가 귓가에 차오릅니다. 마라톤 레이스를 따라 달리면서 인생의 초년과 중년 그리고 말년을 압축판으로 경험하는 것 같았습니다.

뛰고 있었지만 시간은 멈추어진 것만 같았습니다. 어떻게 시간이 흘렀는지 모르게 결승점을 통과했습니다. 끝까지 해야 끝나는 것입니다. 그것도 내 두 발로 걸어와야 하는 것입니다. 이 먼 길, 무거운 것 짊어지며 끌어안고 뛸 수 없으니 맨몸으로 달리는 겁니다. 인생길, 맨몸으로 와서 맨몸으로 가는 것처럼 말입니다.

일도 가정도 인생도 끝까지 포기하지 말아야 합니다. 자녀들이 부모 말을 안 듣고 자기 맘대로 한다고 해서 포기하지 않습니다. 사업이 망해 부도가 났다고 가정을 포기하지 않습니다. 사업도 내가 포기하면 직원들이 생계가 없어진다는 생각으로 끝까지 하는 분들도 있습니다. 쉽지 않아도 결과가 어떻게 되든 끝까지 해보려고 하는 겁니다. 시작한 일에 대한 최소한의 책임감을 가지고 있기 때문입니다. 하다가 피치 못하게 그만두어야 하는 경우도 생길 수 있지요. 그만두는 경우에도 상대에 대한 배려와 정중함을 보여주어야 합니다.

자신이 판단하고 선택해서 스스로 들어간 곳이 있다면 그것은 약속을 한 것입니다. 회사와의 약속 이전에 자신과의 약속인 것입니다. 그 약속을 언제든 어겨도 되는 친구와의 약속쯤으로 가볍게 생각해서는 안 됩니다. 약속을 이행하는 행위는 본인이 어디까지 갈 수 있는 사람인지 자신의 한계점을 규정하기 때문입니다. 그 약속은 단순히 직장에 국한되지 않습니다. 결혼이나 인간관계, 일, 사랑, 자신과의 약속에 이르기까지 광범위합니다. 책임이 없는 사랑은 사랑이 아닙니다.

모든 일이 자신에게 맞는 것인지 아닌지 그리 쉽게 알 수 있는 것도 아닙니다. 회사에 입사하면 본인이 맡은 일만 하게 되지 않습니다. 그 맡은 일이 다른 사람의 업무, 혹은 다른 회사와 연계되어 있기 때문입니다.

의견을 주고받는 과정 중에, 일이 진척되는 과정 중에, 동료들과의 관계 중에, 일이 생각만큼 수월하게 흘러가지 않는다는 것을 알게 됩니다. 그러면서 서로 다른 의견이 조율되는 방법을 보고 배우게 되고, 다양한 유형의 인간관계를 터득하게 됩니다. 좀 더 효과적으로 일을 하는 요령을 익혀나가고, 자신이 어떤 것에 유능한지 의외의 면들을 발견하게 됩니다. 사람도 오래 만나 보아야 진가가 드러나듯, 일도 마찬가지이고 인생살이도 마찬가지입니다. 지금 당장 불편하고 힘들다며 그만두기를 반복하면 자신에게 필요한 것들을 배울 수 없고 자신의 능력을 발견하지 못합니다.

평생 한 직장에 몸을 담으라는 얘기가 아닙니다. 어떤 직장이든 혹은 어떤 일이든, 불편하고 힘든 부분을 스스로 개선하는 것이 실력입니다. 그 실력이 쌓이면서 더 좋은 직장, 더 좋은 기회, 더 많은 연봉으로 나아가는 겁니다.

자신의 한계점이 1달인지, 1년인지, 10년인지 자신이 결정하는 것입니다. 1달 만에 배울 수 있는 것이 있고, 1년 만에 깨달을 수 있는 것이 있고, 10년 만에 얻어지는 것이 있습니다. 매번의 매듭, 즉, 시작과 끝은 자신이 정하는 겁니다. 끝까지 하는 사람만이 끝에서야 얻을 수 있는 것을 얻을 수 있습니다.

07

적당히 솔직하게

　　　　　　　　　각별하게 지내는 후배의 초대를 받아 식사를 하게 되었습니다. 조용한 한정식집이었습니다. 담소를 나누다 보니 음식이 나오기 시작합니다. 젓가락을 들고 이제 막 식사를 시작하려는 찰나 후배가 뜬금없이 질문을 합니다.

"형님. 제가 매력이 없습니까?"
"……?"

밥 먹다가 갑자기 무슨 매력? 자다가 봉창 뜯는 소리를 하나 싶었습니다. 이야기를 들어보니, 후배 회사에서 비밀리에 부장 인기투표를 했는데 꼴찌를 했답니다. 요즘은 참 별게 다 있는 것 같습니다. 그나

저나 후배는 충격이 컸던지 엄청 진지합니다.

"제 주변 사람들 중에 솔직하게 저에 대해 이야기해 줄 사람은 아무리 찾아봐도 형님밖에 없습니다. 형님 생각에는 제가 객관적으로 매력이 없어 보입니까?"

"자네가 매력적이고 좋으니까 내가 이렇게 시간을 내서 보러 왔지. 당연한 걸 뭐하러 물어보나?"

"형님. 저는 심각합니다. 처음에는 엄청 당황했지만 지금은 담담합니다. 그런데 제가 뭐가 문제인지 아직도 이해를 못하겠습니다. 이렇게 인기 없는 부장이니 잘못된 것을 고치지 않으면 승진도 못 할 것 아닙니까? 제 단점 좀 솔직하게 이야기 해주세요."

"헛다리 짚었네! 자신의 단점을 솔직하게 이야기해 달라고 하지만 사람 심리는 그게 아니야. 장점을 듣고 싶어 하지. 내가 누군가의 약점이라 말하는 것도 결국 다 내 주관이야. 내가 자네에게 바라는 것뿐이지. 나에게 묻지 말고 스스로 고칠 것이 무엇인가 찾아보라고."

"아닙니다. 형님. 저는 들을 준비가 되어있습니다. 오해 안 할 테니 무슨 말이라도 좋습니다. 한 말씀이라도 해주시면 제가 인정하고 고쳐보겠습니다."

임마누엘 칸트는 이런 말을 했습니다. 세상 모든 것이 눈에 비칠 때, 사실 그대로 보지 않고 각자 마음의 형식으로 재창조한다고. 물체가 검은색으로 보인다고 검은색이 아닌 거죠. 검은색 안경을 써서 검게 보일 수 있다는 말입니다. 그러니 보이는 대로 단정해버리기 쉽습니다.

"내가 단점을 말해 줘도 내 관점에서 이야기할 뿐이야. 내 말이 맞는 말이 아니라니까? 점수를 적게 준 직원들이 왜 점수를 적게 줬는지 나는 전혀 몰라. 내가 회사에서 일하는 것을 보지 못했고 직원들을 어떻게 대하는지 보지 못했는데 어떻게 이야기해 주겠어?"
"그런 말씀 마시고 한마디라도 해 주십시오."
"사람은 지극히 자기중심적이거든. 그러니까 내 말은 전혀 도움이 안 되고 오히려 나와 사이만 멀어진다니까. 스스로 성찰하고 스스로 느끼는 것이 더 중요해. 자네가 부하 입장에서 부하가 되어서 자신을 바라보면 그게 답이 될 거야."
"형님. 복잡하게 말씀하지 마시고 간단하게 몇 말씀만 해주십시오."

그럼에도 후배의 간청은 끊임이 없었습니다.

"나와 아무런 문제가 없는데 어떻게 약점을 이야기한다는 말이야? 억지로 만들어서 이야기하나? 선배 입장에서 봤을 때 아쉬운 것이 있을 수 있어도 그러려니 하고 넘어가는 것인데 굳이 그것을 솔직하게 이야기한다고 둘 사이에 무슨 득이 되겠나? 이 세상에 어떤 인간이 자기 단점을 듣고 고마워하겠나? 자네는 훌륭한 임원이야. 직원들이 수준이 낮아서 자네를 몰라준 것이다. 이런 말을 듣고 싶어 한다니까?"
"저는 절대 그렇지 않습니다. 이야기해주는 사람에 따라서 다릅니다. 저는 절대 형님을 믿고 있기 때문에 전혀 기분 상하지 않습니다. 저 좀 한번 도와주십시오. 부탁합니다."

저는 후배의 간절한 부탁을 뿌리치지 못했습니다. 그리고 바로 후회를 했습니다. 며칠 후 전화를 거니 받지 않습니다. 세월이 약이라고 생각하고 잊고 지냈습니다. 1년이 지나 우연히 만난 후배는 제게 고백 아닌 고백을 늘어놓았습니다.

"형님. 나는 안 그럴 줄 알았는데 저도 다른 사람과 똑같더라고요. 아직 멀었습니다. 제 반성보다 형님이 나를 이정도밖에 안 보는구나 하는 마음이 앞서더라고요."
"내가 뭐랬어? 자기 단점 듣고 기분 좋게 고치려고 하는 사람 없다니까."
"정말 그런 것 같습니다. 형님 말씀대로 솔직하게 말해달라고 한 것은 결국 저의 장점을 확인받고 싶었다는 것을 알게 되었습니다."

그날 밤, 후배와 저는 많은 이야기를 했습니다. 솔직하게 자신의 단점을 이야기해달라고 하는 사람들이 있지만 잘못하면 사이가 벌어지게 됩니다. 부부간에도 솔직하게 이야기해서 손해 가는 경우가 많습니다.

부인이 남편에 묻습니다.

"여보. 나 늙었지?"
"그럼. 늙었지. 나이가 몇인데. 목에 주름진 것 안 보여? 날마다 거울 보면서 몰라서 물어보는 거야?"

여기에 부인도 반응을 합니다.

"맞아. 자기도 많이 늙었다. 젊을 때 얼굴이 하나도 안 남았네! 머리도 많이 빠져서 헐렁하고 배는 뽈록 나오고 어깨는 구부정하니 자라목이고 볼품이 하나도 없네."

이 정도에서 끝나면 아주 훌륭한 부부 사이입니다. 대부분은 늙었다는 답변이 돌아오자마자 "뭐라고?"를 외치며 싸움이 납니다. 만약에 부인이 그렇게 물었을 때 이런 대화는 어떨까요?

"무슨 소리야? 당신은 아직 청춘이야. 밖에 나가면 아가씨라고 작업 걸어오는 사람들 있을 건데?"
"당신 미쳤어! 나 같은 늙은 여자를 보고 누가 작업 걸어온다고 그래?"

"나 안 미쳤어. 당신 정말 변하지 않고 그대로라니까?"

부인의 표정부터 달라집니다. 밥상이 달라지고 대우도 달라질 것입니다.

여자들은 가끔 미친 남자들을 좋아한답니다. 남자 역시 마찬가지입니다. 오랜만에 만난 친구에게 "야! 오랜만이다. 오랜만에 만나서 그런가? 왜 이렇게 팍삭 늙었냐? 머리는 더 많이 빠졌네! 건강이 안 좋은가? 얼굴색도 좋지 않네. 병원도 다니고 몸 관리 좀 해라." 이렇게 말한다면 좋아할 친구 없습니다.

나이 먹었으니 늙고, 머리 빠지고, 주름지고, 얼굴 상태 안 좋은 것은 자신이 더 잘 압니다. 그래서 어디 나가려면 젊게 보이려고 머리 염색하고 신경 쓰고 나갔는데 굳이 솔직하게 이야기할 것이 없습니다. 돈도 안 드는 말인데 좋게 하는 것이 좋지 않겠습니까?

참 팍팍한 세상입니다. 코로나로 경제도 마음도 다 힘듭니다. 이런 때일수록 한쪽 눈 질끈 감아 줍시다. 잘하고 있다고 응원해 주고, 멋있다고 한마디 더 얹어 주고, 오늘따라 피부가 좋아 보인다고 말해 줍시다. 살짝 과장된 아름다운 말 한마디에 나도 웃고 상대도 웃습니다.

세상 이치가 그러합니다.
좀 더 넓은 자유를 얻기 위해서 배워야 합니다.
아는 것이 힘이기 때문이다.

실존, 지금을 사는 놀라움

01

한 번뿐이라는 덫

모르는 번호로 전화가 왔습니다.

"여보세요?"
"형님. 안녕하세요?"
"죄송하지만 뉘신지요? 존함을 말씀해 주시지 않으면 알지 못합니다."
"제 형이 창현이라고 상주가 고향인데 기억하시겠습니까?"
"아! 이제 기억난다. 너 창현이 동생이구나?"

서로 안부를 주고받고 나니 부탁이 있다고 한번 찾아오겠다고 합니다. 몇 년간 통 소식 없기에 무소식이 희소식이려니 했습니다. 안 그래도 궁금했던 터라 바로 다음 날 만나기로 했습니다.

약속 장소에 들어서자마자 동생의 목소리가 우렁차게 들립니다.

"형님! 반갑습니다."
"아주 오랜만이다!"
"건강하신지요?"
"약은 몇 가지 먹고 있지만 금방 죽을병은 아니다. 하하."

동생이 건강해 보인다고 칭찬을 해주니 그래도 기분이 좋아집니다. 곧 본론으로 대화가 들어갔습니다. 동생은 자신의 형이 걱정되어 찾아온 것이었습니다. 우울증도 있고 당뇨에 혈압도 있어서 집에서 나오질 않는다고 합니다. 잘 움직이지도 않고 마음도 몸도 좋지 않은 듯했습니다.

"형님께서 한번 만나주셨으면 해서 이렇게 찾아왔습니다. 어쩌다 형님 이야기 나올 때면, 참 좋은 친구라고 여러 번 하셨어요."
"당뇨, 혈압에다 우울증? 우울증 걸릴 사람이 아닌데? 긍정적이고 부지런하고 마음이 강한 사람이고 몸도 나보다 건강했는데... 안타깝다."
"정말 안타깝습니다."
"젊어서 고생 많이 했지만 씩씩했지. 이제 좀 살 만하다고 큰소리친 게 엊그제 같은데 우울증이라니. 인생이 그렇게 시들어 가는 게 인생이다만…마음이 아프다."

"형님! 제 나이도 벌써 육십 중반 넘었어요. 손자까지 봤는걸요. 저도 약을 몇 가지 먹고 있습니다."

갑자기 머리가 띵해졌습니다. 결혼한다고 들떠 다니던 게 엊그제 같은데 많은 세월이 흘렀구나 싶었습니다.

"형님. 저 결혼 초기에 호되게 질책하신 것 기억나세요?"
"내가? 동생을 혼냈다고, 내가 동생을 혼낼 일이 있었나?"
"제가 겉멋 들었다고 호되게 질책하셨습니다. 그 바람에 정신 바짝 차리고 일찍 자리 잡았습니다. 그때 세상에 무서운 사람이 있다는 것을 처음 알았습니다. 세상 무서운 줄 모르고 잘난 척하고 살았는데 유일하게 형님한테 눈물 나게 혼이 났습니다."

친구 동생의 말에 번쩍 정신이 들면서 수십 년 전의 한 장면이 영화처럼 떠올랐습니다.

커피숍에서 마주 앉은 친구의 얼굴은 수심이 가득 차 있었습니다.

"웬일이냐?"
"내 동생 결혼한 거 알지?"
"알지. 네 동생 잘생기고 공부도 잘해서 최고 좋은 대학 갔지. 국책은행 들어가고 가정의 희망이라고 네가 자랑 많이 했었지. 네가 객지 생활하면서 학비도 대주고, 결혼자금에 전세자금까지 보태주어서 결혼했지."

"그놈이 내 마음속을 박박 긁어놓는다."

"왜? 착하게만 생겼던데!"

"동생 부인이 승용차를 산다고 한다. 집도 없는데 지금 형편에 무슨 승용차냐고 했더니 한 번뿐인 인생이라고 하면서 고집을 피우더라고. 그뿐이 아니다. 신혼여행을 해외로 간다고 했는데 비용은 처가에서 대 줘서 간다고 했었거든. 그런데 나랑 아버지가 전세 얻으라고 준 돈으로 해외여행 다녀왔다. 그렇게 말렸는데 신혼은 인생에 한 번뿐이라면서 말이지. 다른 사람도 아니고 나를 속이고 해외로 간다는 게 말이 되냐?"

무슨 말을 해 줘야 하나 고심이 깊어졌습니다.

"너 부인 데리고 제주도라도 가 봤냐?"

"못 가 봤다."

"동생이 희망이라고 동생한테 몰빵하더니 힘들겠다."

"친구야. 어떻게 해야 하냐."

"내가 불러서 따끔하게 훈계를 해 줘?"

"내가 여러 번 말을 했지만 안 통해. 오히려 나한테 큰소리야. 자기는 나처럼 안 살 거라면서. 본인 인생에 간섭을 말라며, 세상 바뀐 것을 모른다며."

"몰빵한 너도 문제지만 그놈이 미친놈이네."
"이놈이 말하는 게 내가 못 배웠다고 무시하는 느낌이 드는 거야. 내가 지 공부 다 시켜놨는데. 분하고 가슴이 벌렁거려서 며칠 동안 잠이 안 오더라. 하소연할 데가 너뿐이라 이렇게 찾아왔다."

말하면 말할수록 화만 나니, 그만하라고 간신히 진정시켰습니다. 반주를 곁들인 저녁 식사는 자정이 가까워서야 끝났습니다.

"기사님. 이 친구 공덕동 로터리까지 잘 부탁드립니다."

지폐 한 장을 기사님께 내드리고 뒷좌석의 친구를 바라봤습니다. '고맙다.', '너밖에 없다.'는 말을 떠날 때까지 수십 번은 들은 것 같습니다. 나를 바라보는 친구의 눈은 촉촉하게 젖어 있었습니다. 손을 흔들며 떠나는 친구가 그렇게 쓸쓸해 보일 수가 없었습니다.

다음날 퇴근 시간에 맞추어 친구 동생 직장 앞으로 찾아갔습니다. 친구 동생과 찻집에서 많은 대화를 나누었습니다. 동생은 혼쭐났다고 하는데 저는 사실만 얘기했을 뿐입니다.

동생은 차 샀냐는 질문에, 제가 차 산다고 형님한테 도와 달라고 한 것도 아닌데 형님이 서운해할 거 없을 거 같다고 답변했습니다. 형이 동생 차 사는 게 싫어서 한 소리 같냐는 질문에는, 동생은 저도 성인이고 결혼도 했고 제 인생인데 간섭하는 것 같아서 싫다고 응수했습니다.

몇 가지 질문을 더 했던 기억이 납니다.

객지 생활하면서 동생 학자금 대 주는 것이 쉬운 일이냐?
형이나 나나 네 인생을 간섭할 만큼 우리가 그리 한가한 줄 아냐?
네 형이 너 학자금 대 주고 결혼자금 도와줄 만큼 여유가 있었다고 생각하냐?
받을 건 다 받아놓고, 형의 조언은 안 듣겠다는 건 배운 사람이 할 짓이냐?

나는 네 형을 잘 안다. 고향은 다르나 둘 다 형편이 같아서 돈도 빽도 배움도 없이 맨땅에 헤딩하면서 살아왔다. 신문 배달에서부터 안 해본 것이 거의 없는데 유일하게 유흥업소에서는 일 안 해 봤네. 편안하게 들어 봐라. 듣기 싫으면 언제든지 일어나서 가라.

주먹보다 칼보다 무서운 것이 뭔 줄 아냐? 밥이다. 밥 굶는 것이 주먹과 칼보다도 더 무섭더라. 너는 상상이 안 되겠지. 겪어보질 않았으니. 칼도 주먹도 사정하고 잘못했다고 무릎 꿇고 빌면 비켜 갈 수 있지만 밥은 안 된다. 아무리 사정해도 줄 사람이 없다.

권력 앞에서는 자존심을 내세울 수 있지만 배고픔 앞에서 가족들을 위해서는 자존심도 내려놔야 한다. 일을 시켜달라고 사정하고 빌다시피 해서 일자리 잡고 살아왔어. 그것도 번듯한 직장은 아니지. 며칠 품팔이하는 노동판에서도 그렇게 살았다.

동생이 희망인데 학비 못 대면 큰일이라면서 강소주 마시며 눈시울 적시던 네 형을 나는 여러 번 봤다. 네가 간섭을 제대로 안 당해 봐서 하는 말이다. 우리는 일하면서 화장실 가는 것까지 간섭받고, 잠깐 어디 걸터앉아 쉬는 것까지 간섭받으면서 일했다. 밥이 그렇게 무서운 것이다.

삶이 전쟁터 같은 죽음은 없지만, 마음으로는 조금씩 죽어간다. 왜 지옥이 무서운지 아냐? 지옥은 죽지 않고 계속 뜨거운 불 속에서 고통을 느끼며 영원히 산다니까 무서운 것 아니냐?

가족을 위해서 자존심을 버려야 하고 무시당하고 부당하게 억울함을 당해도 말없이 고통을 견디며 사는 것이 얼마나 힘든지 상상이 되나? 못 배워서 못 가져서 힘이 없어서 삶에서 당하는 고통이 얼마나 큰 것인지는 경험해 본 사람만이 안다.

겉은 멀쩡하지만 마음속에 흐르는 눈물로 빚어 만든 빵, 말 그대로 눈물 젖은 빵을 먹고 사는 거지. 직장에 가서, 일터에 가서 무시당하며 그 힘든 일을 평생 견디며 산다고 해 봐라. 그게 전쟁에서 당하는 고통보다 못할 게 뭐냐?

삶은 총성 없는 전쟁이다. 겉으로 피는 나오지 않지만 마음에는 피가 흐르고 상처 나고 때로는 살이 찢어지는 고통을 느끼면서도 버티는 거야. 가슴속에 희망이 되는 가족을 생각하기 때문에 불가능할 것 같은 일도 하고 살이 찢기는 아픔도 견디며 사는 것이다.

너는 네 형이 그 전쟁 같은 삶의 치열함 속에서도 너를 포기하지 않았던 그 희망을 판 거야. 네가 그토록 입에 달고 사는 '한 번뿐'이라는 이름으로. 형을 팔아치운 거지.

인생에 한 번뿐이지 않은 게 어디 있냐. 지금 이 순간도 한 번뿐 아니냐. 한 번뿐이라는 덫에 빠지지 마라. 잊지 말거라. 인생은 날마다 한 번뿐이다.

이런 이야기를 한 것이 벌써 수십 년 전의 일입니다. 이번에는 제 친구를 만나러 찾아가 봐야겠습니다.

우울증에 걸릴 만한 게 인생이 아니라고.
그러니 그 인생을 받아들이고 벌떡 일어나라고.
한 번뿐인 인생인데 남은 시간을 그냥 보내지 말자고.

남은 인생이라도 멋지게 살아보자며 스스로에게 희망을 걸고 죽을 때까지 열심히 살아보라고 따끔하게 한마디 해 줘야겠습니다.

02

자유로울 수 있는 힘

1980년대 어느 여름, 처음 해외를 갔을 때입니다. 그저 눈에 보이는 모든 것이 새로웠습니다. 가이드의 설명을 들으며 정신없이 다니다가 하루 일정을 마치고 숙소에 들어왔습니다. 낯선 장소에 온 설렘 때문인지 긴장한 탓인지 잠은 오지 않고 심심했습니다. 주변을 둘러보고자 혼자 밖으로 나왔습니다.

지도도 정보도 없이 다니려니 길을 몰라 마음 놓고 다니기 힘들었습니다. 마음에 드는 물건이 있어도 말이 통하지 않아 마음 놓고 살 수가 없었습니다. 자유로이 돌아다니기는 했지만 모르는 것이 많으니 속박된 것 같은 한계를 느꼈습니다. 자유가 이런 것이구나 싶었습니다.

모르니 가이드에게 종속되어 있는 것입니다. 배우지 못하니 아는 것이 없어 그만큼 자유롭지 못한 것입니다. 스스로 내 돈을 주고도 시키는 대로 할 수밖에 없고 정해진 규칙 안에서 움직여야 하는 것입니다. 배움은 알기 위함이고, 아는 것은 힘으로 작동합니다. 그 힘은 자유를 줍니다.

학교에서 가장 자유로운 사람은 교장 선생님일 것입니다. 종교에서는 신이 가장 자유로울 것이고 교회에서는 목사가, 절에서는 스님이 가장 자유로울 것입니다.

어릴 적에는 아버지가 그렇게 싫었습니다. 내가 하고 싶은 것을 못하게 하셨기 때문입니다. 조그마한 어린아이가 하고 싶은 것이 무엇이었겠습니까? 노는 것이지요. 그 당시는 지금과 같은 환경이 아니었기에 장난감을 가지고 놀던 때가 아니었습니다. 친구들과 팽이치기를 하고 겨울이 되면 나무를 엮어 만든 썰매를 만들어 놀았습니다. 시골 환경에 눈에 보이는 것들로 작은 놀잇거리를 만들어 어울렸습니다.

아버지는 그런 저를 쫓아다니시면서 못하게 막으셨습니다. 먹고 사는 일과 무관한 것에는 무조건 못 하게 하시고 엄격하셨습니다. 학교에 가지 않는 날에도, 일이 없는 날이어도 상관없었습니다. 책임과 의무가 없는 어린아이였지만 자유롭지 못했습니다.

인간에게는 필요한 것도 많고 중요한 것이 많이 있습니다. 저는 그 중에서 자유가 가장 중요하다고 생각합니다. 원하는 곳에 갈 수 있는 자유, 만나고 싶은 사람을 만날 수 있는 자유뿐이겠습니까. 종교의 자유, 신체의 자유, 정치의 자유, 사상의 자유, 행동의 자유, 사랑의 자유……자유도 따지고 들어가면 수십 가지나 됩니다.

어떤 철학자는 진정한 자유는 하고 싶은 것을 다 하는 것이라고 했습니다. 그분의 말대로라면 신이 아닌 이상 인간은 진정한 자유를 얻기 힘들 것 같습니다.

인간은 대부분 스스로 자유롭다고 생각합니다. 하지만 그렇지 않습니다. 삶에서도, 정신적으로도 자유롭다고 생각하십니까? 가정에서, 직장에서, 학교에서 완전히 자유롭기 힘듭니다.

인간이 노력하는 행위의 근본은 더 많은 자유를 얻기 위함에 있다고 봅니다. 내가 배운 것 너머 미지의 것을 알기 위해서, 내가 모르는 세계를 알기 위해서 노력하는 사람만이 더 넓은 자유를 얻을 수 있습니다.

인간은 태어날 때부터 '모른다'는 밧줄에 묶여 있습니다. 배우고 익히고 아는 만큼 나를 묶어 놓고 있는 무지의 밧줄이 점점 느슨해집니다.

더 많이 배우고 알게 되면 나를 묶고 있던 밧줄에서 점점 풀려나게 됩니다. 아는 것은 힘이고 힘은 곧 자유를 줍니다.

설령 원하는 지식과 자유를 다 얻었다고 할지라도 돈이 없으면 돈 때문에 자유롭지 못합니다. 만약 시간이 없으면 자유를 누릴 시간이 한정될 것입니다. 사람이 한 가지만 배우고 능통하면 다 된 것 같지만, 삶이라는 것이 한 가지 달인이 되었다고 자유로운 것이 아닙니다. 스마트 폰을 사용하더라도 아는 것만큼만 사용합니다. 5%만 활용하는 사람이 있는가 하면 80% 활용하는 사람이 있습니다. 삶도 아는 것만큼만 자유를 누리고 삽니다.

힘이 없으면 자연스럽게 종속될 수밖에 없습니다. 사람에게 종속되기도 하고 상황이나 체제, 신념에 종속되기도 합니다. 자유를 달라고 하지만 누가 주는 것이 아니라 자기가 얻어야 하는 것입니다. 자유는 힘이고 힘은 생존의 질을 높여줍니다.

우리나라가 자유민주주의인 것은 틀림없지만, 먹고 살기 위해서는 남의 회사에 가서 일을 해야 합니다. 내가 누군가의 회사에 가서 일을 하는 만큼 자유롭지 못한 것입니다. 배우기 위해서 학교에 가게 되면 그것 역시 자유롭지 못합니다. 모든 권력과 부를 가지고 있는 사람도 죽음 앞에는 자유롭지 못합니다. 국가도 힘이 없으면 다른 나라에 속박됩니다. 눈치를 봐야 하고 제재를 당해야 합니다. 불합리하거나 억울하다고 해서 봐주지 않습니다.

인간관계도 때로는 상대에게 종속될 수밖에 없습니다. 부부간에 점심을 먹고 영화를 볼 때도 같은 마음, 같은 생각으로 움직이지 않습니다. 누구는 이것을 원하고 누구는 저것을 원하기에 똑같이 일치되기 힘듭니다. 내키지 않아도 상대에 맞춰 해주는 것이 더 많습니다. 엄밀히 본다면 부부간에도 누군가는 자신의 욕망과 의견을 포기하는 것입니다.

사랑도 그러합니다. 지구촌에 가장 많이 사용되는 단어가 사랑이라고 합니다. 사랑이 중요하지만 자유 없는 사랑은 괴롭습니다. 사사건건 모든 것을 함께해야 하고, 이것저것 불필요한 것까지 간섭하며 쇠사슬에 묶어놓은 양 구속한다면 사랑은 사랑이 아닙니다.

사랑보다 귀한 것이 자유입니다. 자유가 목숨보다 귀하다는 것을 아는 사람들은 자유가 아니면 죽음을 달라고 외칩니다. 목숨보다 귀하다고 여기는 자유는 무엇일까요? 저는 힘이라고 생각합니다. 힘이 있어야 집착이 아닌 진짜 사랑을 할 수 있습니다. 주체적이면서도 상대를 배려할 수 있는 사랑이 그때 가능해집니다.

어려서는 부모님의 통제하에 있습니다. 갓 태어난 아기가 어디 갈 곳이 있겠습니까. 어머니가 깔아준 이불 안에서만 있을 수 있습니다. 점점 자라면서 힘이 세지는 만큼 점점 영역이 넓어집니다. 꿈틀꿈틀 기어 다니다가 방문 밖으로 걸어 다닙니다. 좀 더 크면 초등학교, 중학교, 고등학교로 영역이 넓어집니다. 말을 하고 계산을 하고 집 밖으로 나가는 거리도 점차 확장됩니다. 크는 만큼 배우는 만큼 자기 영역이 넓어지고 자유로워집니다. 성인이 되면 거의 내 마음대로 하게 됩니다.

성인이 되어도 우리는 다양한 한계를 만나게 됩니다. 아무리 마음대로 할 수 있어도 자유롭지 못한 것입니다. 음식을 만들지 못하는 사람은 음식을 만드는 사람에게 종속될 수밖에 없고, 운전을 못하는 사람은 운전을 하는 사람에게 종속될 수밖에 없습니다.

세상 이치가 그러합니다. 좀 더 넓은 자유를 얻기 위해서 배워야 합니다. 아는 것이 힘이기 때문입니다. 질병과 고통, 외로움과 죽음, 인간관계에서 완전한 자유를 얻기는 불가능합니다. 그러나 우리 자신이 노력하는 만큼 더 자유로워질 수 있습니다.

03

오감의 진수, 경험

인생을 되돌아보면 후회되는 것이 꽤 있지만, 나이 들어서 여행을 시작한 것이 가장 안타깝습니다. 여행을 떠나며 느끼는 홀가분한 기분 그것만으로도 저는 행복했습니다. 여행은 그동안 잊고 살아왔던 자연을 재해석하는 성찰의 시간으로 다가왔습니다. 다른 나라이니 당연히 우리나라에서는 보기 힘든 광경을 목격하게 됩니다.

외국에 출장차 방문하고 하루 휴식을 취하던 날이었습니다. 식사 후에 가볍게 운동을 하려고 해변을 따라 뛰기 시작했습니다. 꽤 긴 거리의 백사장에는 파라솔들이 삼삼오오 줄지어 펼쳐져 있었습니다. 파라솔 밑에서 눕거나 앉아 책을 보는 나이 지긋한 유럽인들이 보였습니다. 한가한 해변의 많은 사람 중에서 여러 사람이 책을 읽고 있었습니다. 한국에서 보지 못한 신기한 체험이었습니다.

'여기까지 와서 책을 보나? 책을 보려면 집에서 편안하게 볼 수 있는데.'

그때 이런 짧은 생각을 했었습니다. 우리나라에서는 한 번도 본 적이 없었던 모습이었기 때문이었습니다. 그간 여행에 대해 가지고 있던 저의 생각이 깨지는 순간이었습니다. 휴식과 여가의 개념은 단순히 먹고 마시는 것이 아니었습니다.

그들이 해변에 앉아 주변 환경을 즐기며 보는 책의 감흥은 어땠을까요? 한 구절 한 구절 읽어 내려가며 음미했을 글자의 감흥은 어땠을까요? 완전히 오픈된 공간에서 나만의 시간을 가지며 자신만의 해석을 시도하는 느낌은 어떤 걸까요? 책상이나 도서관에서 책을 읽어본 경험만 있던 저는 상상이 되지 않았습니다.

예전에 저는 일본사람들을 깃발민족이라고 불렀습니다. 항상 여행객들이 가이드 깃발 뒤를 졸졸 따라다니는 것을 보고 비아냥거렸습니다. 그런데 어느 때부터인가 우리나라 사람들도 깃발을 따라 다니더군요. 저도 단체 관광을 경험해봤습니다. 우리나라 사람들은 개인주의 성향 때문인지 한 번 풀어놓으면 제시간에 오지 않아서 가이드가 많이 힘들어합니다. 여럿이 몰려다니고 통제받는 것은 싫어하지만 아마 혼자 다니기 힘들고 귀찮고 비용도 절약되기 때문에 하는 수 없이 단체 관광을 가는지도 모릅니다. 말도 안 통하고 혼자 다니면 위험하기도 하고 루트를 잘못 선택했다가 여행을 망칠 확률이 높으니 간편하게 다녀올 수 있는 단체 관광을 선택하는 것 같습니다.

이태리에 방문했을 때, 미국인들이 단체 관광하는 것을 본 적이 있습니다. 새벽에 조깅을 마치고 산조르조 마조레 성당을 지나 숙소로 향하는데 30여명의 미국인들이 길가에 서서 설명을 듣고 있었습니다. 가게들도 문을 열지 않은 이른 아침부터 가이드 설명을 듣고 있는 사람들이 신기해서 한참을 쳐다봤습니다.

동행했던 이태리에서 유학하는 후배에게 미국인들은 가이드를 어떻게 하는지 지켜보자고 했습니다. 후배 녀석이 웃으며 별나다는 표정으로 저를 쳐다보더니 그러자고 했습니다. 관광객들은 숨소리를 죽이고 가이드 말에 집중하고 있었습니다. 가이드북을 살펴보기도 하고 때로는 메모도 하면서 고개를 끄덕이고 있었습니다. 30분 넘게 기다려도 끝나지 않아 우리는 숙소로 돌아왔습니다. 샤워를 하고 휴식도 취하고 시간이 꽤 흐른 후에 다시 성당 앞을 지나치게 되었습니다. 그들은 그 시간에도 설명을 듣고 있었습니다.

놀라웠습니다. 족히 두세 시간은 설명을 들었을 것입니다. 저는 후배에게 가이드가 무슨 말을 했는지 알아봐 달라고 부탁했습니다. 오전 9시가 넘어서야 가이드 설명이 끝났고 후배는 잠시 가이드와 얘기를 나눌 수 있었습니다.

미국 텍사스에서 온 사람들이고 나이가 보통 60~70대였습니다. 관광객들이 들고 있던 가이드북은 관광지에서 제공되는 것이 아니라 가이드가 직접 제작한 것이었습니다. 가이드는 손수 만든 가이드북을 중심으로, 유적지를 돌아보기 전에 알아야 할 것들에 대해 사전 설명을 한다고 합니다. 무엇을 어떻게 봐야 하는지, 유적지에 담긴 사연을 소개하고 돌아보면 더 재미있고 상세하게 둘러본다고 했습니다. 열심히 듣고 배우고 가서는 손자 손녀들에게 재미있게 이야기를 해 준다고 합니다.

그들이 들어간 성당 입구에는 10시에 문을 연다고 쓰여 있었습니다. 그런데 9시 30분에 성당책임자가 문을 열어주었습니다. 외국은 보통 아무리 사람들이 모여 있어도 1분도 미리 열어주지 않습니다. 저게 어떻게 가능할까 싶었습니다. 성당책임자에게 물었더니, 그는 가이드가 자신보다 이 성당에 대해서 더 많이 아는 것을 보고 놀랐다고 합니다. 스스로 공부하고 연구하여 관광객들에게 전문적이고 생생한 설명을 하는 것을 보고 감동을 받았다고 합니다. 관광객들 또한 진지하고 깊이 있게 가이드의 설명을 듣는 것을 보고, 특별히 그들에게만 허락된 혜택이었습니다.

며칠 후, 동행자 없이 혼자 다닐 시간이 있었습니다. 홀가분하니 마음대로 다녀서 좋은데 유명한 관광지를 가도 아는 것이 없으니 그저 멀뚱멀뚱 눈으로 보고만 다녔습니다. 송아지 두레샘 들여다보듯이 봐도 알 수가 없었습니다. 마침 저만치 한국인들 10명 정도가 가이드 인솔을 받고 있기에 뒤따라 가봤습니다. 어떤 설명을 하나, 따라 다니면서 엿듣는데 끝까지 들을 수가 없었습니다. 사람들이 가이드 설명을 조금 듣다가 사진만 찍어대는 것입니다. 설명이 끝나지 않았는데 사람들의 표정이 일그러집니다.

"가이드님! 시험에 나오는 거 아니니까 그 정도만 합시다!"
"사진은 어디서 찍어야 잘 나오나요?"
"사진 좀 찍고, 더운데 어디 들어가 잠시 쉽시다!"
"여기 이후에 몇 군데 더 가야 하나요?"
"사람 많은데, 빨리 사진 찍고 이동합시다."

사람들의 아우성에 설명은 흐지부지되었고 마무리도 못 한 채 가이드는 10분간 사진 찍고 쉬는 시간을 주었습니다. 그 틈에 가이드에게 말을 붙였습니다.

"성질 급한 분들 많으시네요."
"저분들은 고위공무원들인데 연수 오셨대요. 현장에서 설명을 해도 대개 잘 듣지 않아요. 저희들도 공부해야 하는데 사실 설명할 필요가 없으니 공부 안 해도 되니까 저희들은 편합니다."

"그래도 설명을 듣고 싶어 하는 분들이 계시지 않나요?"

"가끔 깊이 설명을 듣고 싶어 하시는 분들도 있지만 다른 사람들이 듣기 싫어하니 제가 설명하다가 말지요. 단체로 움직이는 거라 그 한 분께 맞출 수는 없거든요."

"그래도 이런 데 와서 보면 궁금한 게 있을 텐데, 뭔가 물어보지 않나요?"

"제일 많이 물어보시는 게 술집 맛집 유흥……. 뭐 이런 거죠. 술 마시고 노는 것을 좋아합니다."

"아, 그런가요?"

"한국에 널린 것이 맛집 술집인데 왜 여기까지 와서 그렇게 먹고 마시는데 목숨 거는지 참 희한합니다."

가이드 말에 여행의 의미를 다시 한번 생각해봤습니다. 여행은 고생이었든 즐거웠든 사연을 남기고 추억을 남깁니다. 근래에는 소유하는 것보다 경험하는 것을 중심으로 사회가 바뀌어 가고 있습니다. 옷을 사거나 물건을 샀다면 친구에게 한번 이야기하고 끝나지만 여행은 수십 년이 지나도 사연으로 남아 오래도록 이야깃거리가 되고 미소 짓게 하는 아름다운 추억으로 남습니다.

하지만 그 여행이 먹고 마시는 것에 집중되면 반쪽짜리 여행이 되지 않나 싶습니다. 현장에서 느끼고 감흥 받고 내 안에 새로운 것들이 축적되는 시간이 아니라 그저 사진만 찍기에 급급하다면 단체 관광과 다르지 않습니다. 단지 단체관광보다 자유롭게 이동하고 선택의 폭이 넓어질 뿐입니다. 현장에 내가 있었다는 사진 한 장보다, 현장에서 정작 느끼고 배워야 할 것들을 놓치고 있는 것은 아닌가 싶습니다.

04

후회가 없도록

나이가 들고 흰머리가 나기 시작하면서 소위 인생 '말년'이 되니, 살면서 무엇이 중요한지 자주 생각하곤 합니다. 한 가지 확실한 것은 시간이 지날수록 말년이 얼마나 중요한 것인지 새삼 깨닫게 된다는 겁니다.

말년이 왜 중요하냐면 마무리하는 시간이기 때문입니다.
아무리 전반전에 잘 했어도 후반전에 마무리를 잘못하면 경기에 집니다. 이와같이 인생도 말년을 잘 보내야 아름답게 마무리를 할 수 있습니다. 그래서 명리학에서는 말년 운이 좋은 것을 크게 봅니다.
한때 부러워 보이던 분들이 어느 날 갑자기 인생이 꼬이고 망하는 걸 봤습니다. 젊어서 많은 이들에게 칭송받던 사람이 추한 모습으로 무너지는 모습도 봤습니다. 절대 무너지지 않을 것 같은 권력을 잡고도 날개 없이 추락하는 것도 봤습니다. 잘 나가던 회사가 부도나고 집안이 풍비박산 나는 것도 봤습니다.

초년에 말할 수 없이 가난하고 거지처럼 비천하게 살던 사람이 말년에 활짝 피는 경우도 봤습니다. 갖은 고생을 하고 험난한 인생길을 헤쳐 오다가 말년에 많은 이들의 사랑을 받는 사람도 봤습니다.

말년에 좋게 보내시는 분들을 보면서 제가 발견한 한 가지 공통점이 있습니다. 베풀 줄 안다는 것입니다. 꼭 돈으로 물질로 베푸는 것이 아닙니다. 따뜻한 말 한마디로, 정성으로, 시간으로, 몸으로 도움을 주시는 것을 보았습니다. 상대에게 항상 좋은 말을 하고 작은 것이라도 나누며 사셨습니다. 필요한 것이 있다면 자신의 역량 안에서 기꺼이 도와주고 높은 지위에 있어도 자신을 낮추며 함께 어울리며 사셨습니다.

이런 분들 옆에는 항상 사람들이 있었습니다. 노년에도 외롭지 않은 삶을 사셨습니다. 이런 분들이 돌아가셨을 때 많은 사람이 아쉬워하며 눈물을 흘리는 것을 보았습니다. 생전에 있었던 사연들을 회자하며 그를 그리워하는 것을 보았습니다.

똑똑해서 자기 것을 악착같이 잘 챙기고 배려와 양보 없이 살아온 분들의 끝도 보았습니다. 높은 지위에 있다 하여 상대를 무시하던 사람들의 끝도 보았습니다. 지위를 잃으면 문전이 닳도록 찾아다니던 사람들이 연기처럼 사라지는 것을 보았습니다. 사람을 보고 찾아오는 것이 아니라 권력과 재력을 보고 찾아왔던 것입니다.

인생이 긴 것 같지만 새벽안개처럼, 낙엽 지듯이 순간에 스쳐 지나갑니다. 아름다운 말년을 보내려면 베풀며 살아야 합니다. 홀로 쓸쓸하고 외로운 말년을 보내고 싶지 않다면 베풀어야 합니다.

따뜻한 마음을 베푸는 것입니다. 큰 사명감으로 마음을 먹고 작정하듯 하는 것이 아닙니다. 사법시험에 합격 하듯이 어려운 일이 아닙니다. 그저 마음 한 조각 나누는 것입니다. 밥상에 수저 하나 더 놓듯이 말입니다.

끝이 좋아야 다 좋습니다. 사람은 끝까지 가 봐야 압니다. 반가운 마음으로 가벼운 마음으로 찾아오는 사람이 있다면 잘 살아온 것입니다. 사심 없이 그저 보고 싶어서 찾아오는 사람이 있다면 돈보다 귀한 것을 가진 것입니다. 잘 지내는지 궁금하고 걱정돼서 찾아오는 사람이 있다면 제대로 살고 있는 겁니다.

뜨는 해는 희망이 찬 듯 찬란하고 멋집니다. 지는 해는 황홀하고 아름답습니다. 일출보다 해 지는 노을 광경이 사람들의 가슴속에 오래 남는 이유가 있습니다. 노을의 풍경은 카메라에도 제대로 잡히지 않는 오색의 붉은 기운을 머금고 있습니다. 눈이 부시어 어릿어릿할 정도의 황혼으로 살고 싶지 않으십니까.

마지막에 웃는 사람이 진정한 승자랍니다.

여러분은 매일이 마지막인 것처럼 웃고 계십니까? 만약 오늘이 마지막 날이라면 웃을 수 있으시겠습니까?

05

천하는 살아있는 자의 것이다

　　　　　　　　　　새벽에 전화벨이 울립니다. 잠결에 받은 연락은 제가 아는 분이 스스로 생을 마감했다는 소식이었습니다. 순식간에 잠이 깼습니다. 전화를 끊고 나니 제 가슴이 아직 깜깜한 밤하늘처럼 먹먹해졌습니다.

　얼마 전까지만 해도 회사를 운영하시며 별 탈 없이 잘 지내고 계신다는 소식을 들었기에 더 놀랐습니다. 가족들에게 남긴 유서 내용으로 볼 때 회사가 조금 어려웠다는 것 외에는 다른 이유가 없었다고 합니다.

　돌아가신 분의 속마음과 사정을 누가 알겠습니까. 현재 회사를 정리하면 충분히 재기할 수 있을 것 같았는데 생을 마감했다고 하니 정말 안타까웠습니다.

벽에 걸린 달력에 눈길이 갑니다. 올해도 벌써 반이 지났는데 돌아보니 한 것도 별로 없습니다. 지금까지 살아온 제 인생을 찬찬히 돌아보니 특별히 내놓을 만한 게 아무것도 없습니다. 굳이 자랑할 것이 있다면 70살이 다 된 나이지만 건강하게 살아있다는 것 하나뿐입니다.

세상을 호령하던 칭기즈칸이나 알렉산더 대왕도, 진시황제도 죽으니 그걸로 끝났습니다. 모든 것이 정지합니다. 그분들이 지금 할 수 있는 것이 아무것도 없습니다. 나는 먹을 수 있고 느낄 수 있고 생각할 수 있습니다. 걸어서 가고 싶은 곳을 갈 수 있습니다. 살아 있으니 가능한 이야기입니다. 나는 새도 떨어뜨리는 권력과 명예를 가진 것이 어마어마하게 큰 것 같지만 살아 있는 것보다 대단하지 않습니다.

살아 있다는 것 자체가 희망입니다. 살아 있으면 뭐든지 할 수 있기에 희망을 가질 수 있는 겁니다. 내가 살아 있는 게 인생 최고의 축복이라고 생각합니다. 아침에 일어나서 살아 있는 것이 얼마나 감사한지 모릅니다. 살아 있으니 원하는 대로 꿈꾸는 대로 움직일 수 있기 때문입니다. 살아 있으니 너무나 감사한 것입니다.

조문을 하고 내려오는 차 안에서 깊이 깨달았습니다.

살아 있는 것이 희망이라는 것을.
살아 있는 것이 성공한 것이라는 것을.

우리나라에서 가장 부자로 알려진 분이 몇 년을 병상에 누워 차가운 병원 기기들의 도움을 받다가 세상을 떠나셨습니다. 그분은 제가 지금 먹는 것을 먹을 수 없습니다. 제가 다니는 곳을 다닐 수가 없습니다. 제가 사람들을 만나서 느끼는 온기를 느낄 수 없습니다. 그분이 1년 동안 건강하게 더 살아 계셨다면 엄청나게 많은 일을 했을 텐데 아쉽습니다.

대한민국에서 최고의 인생일텐데, 돈이 있고 명예도 있고 권력을 쥐고 있었음에도, 제가 지금 쓰고 있는 글자 한 자를 못 씁니다.

살아있다면, 어떤 인생을 살고 있던 혹은 어떤 인생을 살아왔던 실패한 인생이 아닙니다. 천하보다 더 귀한 생명을 가지고 있기 때문입니다. 이미 죽어서 그들에게는 없는 '오늘'을 살아가기 때문입니다.

06

나를 사랑해야 존재한다

도시 한복판 햇살 좋은 창가에 앉아 커피 한잔하며 사람들이 길을 다니는 모습을 내다보고 있자면, 저와 비슷하게 생긴 사람 하나 찾기 힘듭니다. 생김새도 다르고 느낌도 다르고 옷 입는 스타일도 다릅니다. 하나의 배 속에서 나온 자식들도 다 다릅니다. 모든 게 다 다릅니다. 이게 참 묘하다는 생각을 했습니다. 하나님이 세상을 창조한 비밀이겠지요.

같은 씨앗에서 나온 소나무도 모양이 다 다릅니다. 만약 지구상의 소나무가 다 똑같은 모양이라면 아무 소나무 하나만 갖다 놓아도 다른 소나무가 더 필요 없을 것입니다. 그런데 소나무마다 다 다릅니다. 소나무마다 각각 아름다운 구석이 있으니 한 개로 만족하지 않고 자꾸 사다 심습니다. 나무를 키우고 만지고 가꾸는 시간이 오래되다 보니, 감사하게도 나무를 보며 세상 이치를 배워갑니다.

만물 모든 것이 특징이 있고 아름다운 것이 있기에 마음이 가게 됩니다. 한 가지 아름다운 것이 있다면 그 한 가지에 매료됩니다. 많은 것이 필요한 것이 아니라는 겁니다. 물론 다양한 아름다움을 갖춘다면 더 좋겠지만, 아름다운 하나의 지점 때문에 마음이 가고 사랑이 가는 겁니다. 미인이라고 몸 전체가 약점 없이 완벽하게 아름다운 것이 아닙니다.

아무리 형편없는 나무라도 멋있고 아름다운 부분이 있습니다. 사람도 본인만이 가지고 있는 한 가지 매력이 있습니다.

그런 생각을 하는 사람들이 있습니다. 나 같은 사람도 사랑을 받을 수 있을까, 나 같은 사람이 세상에 필요할까, 아무 쓸모없는 사람인데 내 존재가 의미가 있을까……. 그런데 그렇지 않다는 겁니다. 그 사람이 없으면 채워지지 않는 것이 있습니다.

사람마다 음식 취향이 있지요. 나는 고기를 좋아한다, 나는 생선회를 좋아한다, 이렇게 각자 좋아하는 음식이 있습니다. 고기를 좋아한다고 고기만 먹을 수 있습니까? 없습니다. 음식 먹을 때를 자세히 보세요. 소금도 있어야 되고 마늘도 있어야 합니다. 된장찌개도 있어야 되고 야채도 있어야 합니다. 그중 어느 것 하나 빠지면 뭔가 제대로 못 먹은 듯 아쉽고 허전합니다. 회를 먹을 때 초장 하나 없이 생선회만 먹는다고 생각해 보세요. 맛없어서 못 먹습니다.

  사람 사는 이 땅에서 우리는 서로가 서로에게 못할 말들을 쉬이 내뱉습니다. 쟤는 능력이 없네, 쟤는 키도 작고 못생겼네, 쟤는 성격이 나쁘네, 쟤는 목소리가 별로네……. 자신들만의 기준으로 이러쿵저러쿵합니다.
  더 놀라운 것은 자신에게 막말을 합니다.
  나는 키가 작다, 머리숱이 적다, 재능이 없다, 운동을 못한다고 자신이 부족한 것을 찾아서 수없는 막말을 합니다.

  자동차에서 윈도 브러시가 없다고 생각해 보세요. 평상시에는 별 필요가 없어 보이는 듯합니다.
  그런데 비 올 때 그거 없으면 사고 납니다. 앞이 안 보여 아예 운전을 할 수가 없습니다. 있어도 그만, 없어도 그만인 부품이 아닙니다. 비가 올 때는 핵심적입니다.

  지구상에 태어난 인간들도 다 핵심적으로 필요한 사람들입니다. 어떤 상황에서는 그 사람이 없으면 안 되는 경우가 있습니다. 누군가에게는 절대적으로 필요한 사람입니다. 누구 하나 쓸모없는 사람이 없습니다. 있어도 그만, 없어도 그만인 것 같지만 그렇지 않습니다.

자기를 사랑하고 이 세상에 없으면 안 되는 존재임을 알아야 합니다. 자기를 세상에서 제일 사랑해야 합니다.

왜냐고요? 자기를 사랑해야 존재할 수 있고 나를 사랑할 줄 알아야 타인도 사랑할 수 있기 때문입니다.

소나무를 관리하는 사람이 있다고 생각해 봅시다. 혹은 강아지를 관리하는 사람이 있다고 해 봅시다. 관리해 주는 그 사람이 퇴근하면 그만입니다. 나를 신경 써 주고 관심 가져주고 관리해 주는 사람이 있다고 해 봅시다. 어려울 때 전화해 주고 들어줍니다. 만나서 차 한잔 마시고 밥 한번 먹으며 위로의 말을 해 줍니다. 그때뿐입니다. 그걸로 끝입니다. 관리라는 것은 평소에 꾸준히 계속해야 제대로 관리가 됩니다. 어떤 특별한 날에만 하는 것이 아닙니다.

하루 삶의 흐름을 떠올려 보세요. 누군가와 함께 하는 시간보다 혼자 있는 시간이 훨씬 많습니다. 직장에서도 집에서도 혹은 친구들을 만나도 결국 혼자의 상태로 돌아옵니다. 대화를 나누고 같이 놀러 다니고 시간을 함께 보내도 결국은 혼자입니다. 아무리 많은 말을 나누고 위로해 주어도 상대가 자신이 아는 것처럼 내 마음을 100% 알아줄 수 없습니다. 그래서 스스로 자신을 관리해야 합니다. 내가 나를 지키지 않고 사랑하지 않으면 내가 존재할 수가 없습니다.

타인에게서 힘을 얻으려 하지 마세요. 그때뿐입니다. 내가 위로받으려 찾아가는 사람도 자기 인생을 아등바등 살아갑니다. 근본적으로 자신을 관리할 수 있는 사람은 자신뿐입니다. 자신을 귀하게 여기세요. 별 볼 일 없는 사람처럼 취급하면 안 됩니다. 나 자신에게서 힘을 받아야 합니다. 그러지 않으면 존재하기가 어렵습니다.

내가 없으면 이 세상에 채워지지 않는 빈 공간이 생겨납니다. 그것을 잊으면 안 됩니다.

07

하기 나름

　　　　　　　　　막역한 친구에게 연락이 왔습니다. 결혼 안 한다고 부모 속을 꽤나 썩이던 막내딸이 드디어 결혼을 한답니다. 시집 보내서 좋기는 한데 잘 살려나 걱정이 태산인 모양입니다. 막내딸이 하도 철부지라 그저 걱정하다가 집사람이랑 평소에 안 하던 짓을 했다고 합니다. 사주팔자를 보러 간 것입니다.

　한 군데 갔는데 시원치 않게 나와서 다른 곳을 방문했다 합니다. 그곳에서는 너무 잘 맞는다고 하는데 영 미덥지 않아서 한 번 더 다른 곳을 찾아갔다 합니다. 마지막으로 찾아간 곳에서도 별로 안 좋다고 해 방구석에서 한숨만 쉬고 있다며 걱정을 늘어놓았습니다.
　평소 그런 것에 전혀 관심이 없던 친구인데 역시 자식 앞에는 장사 없는 모양입니다.

죽는 날까지 자식 걱정하고 살다가 죽는 게 부모입니다. 같이 살아도, 결혼해 분가를 시켜도, 자식이 잘 살고 있어도, 못 살고 있어도, 자식이 자녀를 둔 부모가 되어도, 아무리 나이가 먹어도 늘 걱정입니다.

"나도 이런 거 처음 본다. 야! 너는 사주팔자 안 믿냐?"

자식 때문에 여기저기서 사주를 보고 오더니 사주라는 것이 궁금해진 모양입니다.

"아버지께서 하신 말씀도 있고, 어려서 교회에 다녀서 별 관심 없었다. 그러다 길 가는데 나를 불러서 억지로 사주 본 적은 있다."
"그래서 어떻게 됐어?"
"어떻게 되기는 뭘 어떻게 돼. 그냥 내가 하는 대로 되더라."
"야! 그러지 말고 자세히 얘기 좀 해 봐!"
"너무 자식 걱정 마라. 예전에 부모님께서 내가 고향 떠나니까 굶어 죽을까 봐 얼마나 걱정하신 줄 아냐? 그런데 내가 부모님보다 훨씬 더 잘살고 있지 않냐? 그럼 된 거지. 우리보다 더 잘 살 것이니 너무 염려 말아라."

50여 년 전 일입니다. 정초에 친구들하고 서울에 갔습니다. 역전에서 광장으로 막 들어서는데 누군가 부릅니다. "어이! 젊은이들!" 우리는 일제히 뒤돌아봤습니다. '사주, 관상', '올해 운수'라는 글씨를 커다랗게 써놓고 앉아 있는 어른이 보였습니다.

저를 보시더니 대뜸 한마디 하십니다. "초년 운은 안 좋은데 말년 운이 기세가 좋네!" 얼떨결에 "저 말입니까?"하고 물었습니다. 그랬더니 그 어른은 무심히 그렇다고만 하십니다.

어른을 자세히 보았습니다. 한겨울 찬 바닥에 방석을 깔고 앉아 있었습니다. 얼굴은 피골이 상접하고 허름한 옷 위에 군용 담요를 걸치고 앉아 있었습니다. 너무나 초라한 모습에 저는 주머니에 있는 돈을 꺼내 드렸습니다.

아무 말 없이 제 돈을 받으시더니 생년월일을 묻습니다. 그분은 책을 펴고 뭐라고 끄적이며 웅얼웅얼 혼잣말을 하시더니 '초년 운이 매우 힘들지만 말년에는 용이 하늘로 올라가는 기세이고 음지가 양지 되는 아주 좋은 말년 운을 가졌다'고 하셨습니다.

옆에 있는 친구들이 자신도 봐달라며 어른께 부탁했습니다. "너희들 나이가 어떻게 되냐?" "친구니까 나이는 다 똑같습니다." "그럼 볼 것 없이 다 좋다. 어서 가던 길이나 가라."

한 친구가 화가 났는지 볼멘소리로 어떻게 7명이 다 같은 사주가 나오냐고 물었습니다. "사람은 모든 게 자기 하기 나름이여. 제 하는 대로 바뀌는 게 사주팔자라는 것이다." 어르신은 안색 하나 안 변하고 말씀을 하시더니 빨리 가라는 듯 책을 덮으셨습니다.

친구는 억울했던지 생일이 다르니까 사주가 달라야 되지 않냐고 되물었습니다. "온 나라가 풍년 들어도 농사 못 짓는 놈은 흉년이고 아무리 흉년이라도 농사 잘 짓는 사람은 풍년인 거야. 다른 사람 앞날을 다 알면 내가 엄동설한에 여기 앉아 있겠냐?"

친구는 목소리가 더 높아졌습니다. "어르신! 그럼 모르시면서 여기서 사주 봐 주시는 것입니까?" "운을 알려줬잖아. 사람이 성실히 노력하면 잘되는 거다. 그게 정한 이치다. 공부머리 따로 있고 일머리 따로 있는 것이다. 공부 잘한다고 잘 살면 삼성 창업자 이병철은 대학도 안 나왔다는데 왜 잘 사냐? 공부는 이병철보다 내가 더 많이 했다. 사주란 좋고 나쁜 게 없다. 본인이 하기 나름이다. 빨리 가! 젊은 놈이 복채도 안 내고 따지기는 어지간히 따지네!"

완전 사기꾼한테 당했다고 흥분한 친구의 발길을 돌리느라 한참 고생했습니다.

제가 20대 때의 사연이 지금도 생생하게 기억나는게 신기하기만 합니다. 저도 살다가 답답해서 주역과 명리학에 대한 책을 읽어보기도 해 봤습니다. 어려웠습니다.

지금 생각해 보면, '사주가 같아도 인생은 하기 나름'이라는 말은 참 맞는 말 같다는 생각이 듭니다. 그 어른이 최고의 역술인이었는지 모르겠다는 생각에 피식 웃음이 나옵니다.

저는 개인적으로 인간의 미래는 전혀 알 수 없다고 생각합니다. 세계의 많은 석학들이 미래를 예측했지만 정확하게 맞힌 사람은 없는 것 같습니다. 신에게 도전할 만큼 과학이 발전한 시대에도 코로나가 오리라고 예측한 사람이 없습니다. 심지어 코로나에 제대로 대처도 못 하고 있습니다.

해마다 태풍이 올라옵니다. 위성으로 태풍 사진을 찍을 수 있지만 정확하게 어떻게 움직일지 번번이 틀립니다. 내시경과 초음파로 보고 MRI를 찍어도 오진하기도 합니다. 그런데 사람의 앞날을 어떻게 알 수 있겠습니까. 사진으로 현상을 정확하게 찍어내도 오판하는 세상에 어떻게 한 인생의 미래를 알겠습니까.

어느 해인가 어머니께서는 내년에 마늘 값이 오른다니 마늘을 많이 심자고 아버지께 말씀드렸습니다. 아버지께서는 물건값이 오르고 내리는 것이나 사람 앞날은 하나님도 모른다고 하시면서 하던 대로 꾸준하게 농사짓다 보면 싸게 팔릴 때도 있고 비싼 값에 팔리는 때도 있다고 하셨습니다.

아버지의 영향 때문인지 저도 그런 것에 별로 관심이 없습니다. 미래를 알고 싶어 하는 분들이 참 많이 있습니다. 하지만 저는 미래를 알 수 없다는 것이 천만다행이라 생각합니다.

　하루하루 살아가는 것이 좋을 때보다 힘들고 고통스러울 때가 더 많았습니다. '내일은 좋아지겠지, 올해 안 되면 내년에는 잘 되겠지' 하는 기대감과 희망으로 지금까지 왔습니다. 아버지 말씀처럼 하던 대로 꾸준히 변함없이 했습니다. 안되면 되는 방향으로 바꾸고 부족한 것들을 채워가며 묵묵히 일했습니다.
　저뿐이겠습니까? 대다수의 사람들이 저처럼 살아왔을 겁니다. 잘 되리라는 기대가 무너져도 잘될 거라는 기대를 하고 사는 것이 사람입니다. 그런 희망을 가질 수 있는 존재는 사람뿐입니다.

　푸시킨도 시를 통해 말했습니다. 삶이 그대를 속일지라도 슬퍼하거나 노여워하지 말라고.

　사람들은 과학이 발전하고 AI가 발전하면 모든 것을 해결할 수 있다고 합니다. 유발 하라리라는 작가는 이제 인간은 전염병도 관리할 수 있고 행복만 추구하면 된다고 했습니다. 그러나 코로나 앞에 속수무책으로 당하는 것을 보면 인간은 아직도 먼 것 같습니다.

　미래는 고정되어 있지 않습니다. 내가 하는 만큼 달라집니다. 저는 그걸 확실하게 믿습니다. 제 생각대로 안 된다고 화내지 않고 이게 인생이려니 하고 순응하며 마음 편하게 살고 있습니다.

  할 수 없는 것을 생각하지 말고, 알 수 없는 것들에 시간 낭비하지 마세요. 할 수 있는 것을 생각하고 알 수 있는 것들을 가지고 인생을 사십시오.
  하기 나름이라는 노인의 말이 오늘 가슴에 더 깊이 와 닿는 것은 나이 탓이겠지요?

08

가장 큰 학교

　　　　　　　　　　제가 다녔던 초등학교를 방문할 일이 생겼습니다. 졸업한 지 50년이 훌쩍 넘었습니다. 오랜 세월이 지나 아련해질 만도 한데 다시 학교에 간다고 생각하니 초등학생으로 돌아간 기분이 듭니다.

　달리기를 하고 숨바꼭질을 하고 제기를 차던 시끌벅적하던 운동장. 친구들과 뛰어놀던 운동장에 서 있던 큰 느티나무가 눈에 선합니다. 드넓은 평야 같았던 운동장은 숨을 헐떡이며 한참을 뛰어야 했습니다.

　'학교 정문이 작아진 것인가?'

학교 풍경이 너무나 낯설었습니다.

운동장에 들어서니 몇 아이가 걸어가고 있습니다.

여학생들은 고무줄놀이를 하고 남학생들은 주먹만 한 고무공을 차던 학교가 아니었습니다.

온몸에 흙먼지를 묻혀가며 장난치던 와자지껄한 학교가 아니라 조용하다 못해 적막했습니다. 하늘에 닿을 것 같았던 느티나무는 모퉁이에 나직하니 홀로 서 있습니다.

뛰고 또 뛰어도 끝없던 운동장은 작은 놀이터만 합니다. 중세시대 요새같이 웅장해 보였던 학교 건물은 초라하기 그지없습니다. 학교는 내 마음속에서 지구만큼 커다란 곳이었나 봅니다. 차에서 내려 이렇게 작아진 학교를 둘러보았습니다.

어린 시절에 배울 곳은 학교뿐이었습니다.

특히 자아에 서서히 눈을 뜨고 세상을 조금씩 배워가는 초등학생 때 나는 어떤 추억을 쌓았고, 무엇을 배웠나 잠시 생각에 잠겼습니다.

졸업 후에 수십 년 동안 더 크고 아름답고 웅장한 건물과 공원들을 보았습니다. 그만큼 좋은 추억이 쌓이고, 배움이 쌓였나 봅니다. 느티나무가 작아 보이는 만큼 나는 얼마나 커졌나 하늘을 올려다보았습니다.

세상이 끝날 것만 같았던 순간도 있었습니다. 하지만 세상은 잘만 굴러갑니다. 나도 잘 살아 있습니다. 당장에 큰일 날 것 같은 일들도 시간이 지나면 별일 아니게 느껴집니다. 어떻게 그 어려운 순간들을 버티고 지나왔나 싶지만 우리는 생각보다 강합니다.

성장하고 경험이 쌓이면서 내 앞에 놓인 문제들은 더 이상 나를 뒤흔드는 큰 문제가 아니었습니다. 그때는 그렇게도 넘기 힘들어 보이던 커다란 산이 지나고 보면 작은 동산처럼 느껴집니다. 시간이 흐르고 경험이 쌓이면서 우리 그릇도 같이 커집니다.

예전에는 도저히 못 봐 주던 것들도 봐 주는 여유가 생기고, 그냥 넘어가지 못했던 것도 슬쩍 눈감아 줍니다. 내 명줄을 쥐고 흔드는 것 같은 문제였는데 시간이 지나서 보면 내가 왜 그리 애걸복걸 매달렸었나 싶어집니다.

앞으로도 사건 사고가 생기고 문제는 또 발생할 겁니다. 성장해가고 있는 인간들이 함께 살고 있는 사회니까요. 지금 혹시 감당하기 힘든 문제가 발생했다면 지난날을 돌아보세요. 우리가 생각보다 얼마나 많은 일들을 잘 대처하며 살아왔는지 말입니다.

09

대체 불가

　　　　　　　　　　완연한 봄을 맞이하러 오랜만에 산에 올랐습니다. 여기저기 푸릇푸릇 이름 모를 풀들이 떨어진 낙엽을 살며시 들치고 얼굴을 내밉니다. 영하 20도가 넘는 추운 겨울을 이기고 조용히 올라오는 작은 풀잎에서 자연의 신비함을 봅니다.

　산등성 양지바른 곳에서는 소나무가, 음지에서는 활엽수가 군락을 이루고 있는 것도 신기하기만 합니다. 잎이 떨어진 활엽수와 상록수인 소나무들이 어우러져 묘한 아름다움을 뽐내고 있습니다. 쭉 뻗은 나무, 구부러지고 기울어진 나무, 옆으로 넓게 퍼진 나무 등 나무마다 종류마다 처한 환경마다 각각 다른 모습을 뽐내며 자신을 드러내고 있습니다.

바위틈에는 작은 소나무가 마치 용트림하듯이 꼬여있고 가지는 곧 하늘로 승천할 것처럼 날개를 힘차게 펼치고 있습니다. 내 팔목 굵기 정도이지만 승천하기 위해서 아마도 수십 년을 기다렸을 겁니다.

바짝 다가가서 자세히 보니 모질게 커왔다는 것이 한눈에 들어옵니다. 백 년 남짓해 보이는 작은 나무는 아름답다는 표현으로도 모자랄 지경입니다. 그 위풍은 하루 이틀 만에 된 것이 아니겠지요. 모진 세월을 견뎠기 때문에 나오는 흔적입니다.

어떻게 바위틈까지 씨가 날아와서 흙 한 줌도 없는 곳에 뿌리를 내렸으며 물을 주지도 않고 관리도 안 했는데 지금까지 살아 있는지 그저 놀라운 일입니다. 비가 와도 물이 쭉 빠져서 빨아 먹을 물이 없었을 테고 거름도 없었을 텐데 어떻게 살아왔을까 싶습니다. 사람은 이런 환경에서 키울 수 없지만 자연은 이런 나무들을 곳곳에서 키워내고 있습니다.

장애물과 싸워서 그것을 없애버리는 것이 아니라 장애가 되는 바위를 감싸 안고 좁은 바위틈에 깊숙이 뿌리를 내리고 장애물을 끌어안고 성장한 모습입니다.

성장하는 데 전혀 장애물이 없이 옥토에서 자란 나무가 만들어낼 수 없는 아주 기이하고 묘한 형상입니다. 아마 지구상에 이것과 똑같은 모양의 나무는 없을 겁니다.

　같은 산이어도 양지냐 음지냐에 따라 다르고, 산꼭대기냐 골짜기냐에 따라 다릅니다. 바위틈과 비옥한 땅에서 자란 나무가 다 제각각입니다. 특이하게도 산 능선에는 키 작은 철쭉과 진달래들이 군락을 이루며 살고 있습니다. 아마도 키가 작으니 키 큰 나무에 가려질까 봐 높은 곳에 자리 잡았나 봅니다.

　나무들을 자세하게 보면 신기하게도 자기에게 맞는 자리를 찾아서 잘도 살아갑니다. 큰 나무 사이에서 죽지 않으려고 몸부림치며 햇빛을 쫓아 자라고 있는 이름 모를 잡목들도 있습니다. 바위틈에는 물을 많이 필요로 하지 않는 나무가 자리를 잡고 강한 생명력과 아름다운 모습을 보여주고 있습니다.
　정원수나 분재를 키우는 분들은 좋은 토양에서 쭉 뻗어 올라간 큰 나무보다 자랄 수 없는 환경에서 큰 묘한 형상으로 자란 나무에 엄청난 가치를 부여합니다. 하늘로 쭉 뻗은 거대한 나무보다 훨씬 높은 값이 매겨지는 경우가 많습니다. 쉽게 구할 수도 없을뿐더러 아마도 수십 년 혹은 수백 년 자랐어도 크기보다 모양으로 자태를 뽐내기 때문일 겁니다.

　나무는 모양으로 자신을 표현하지만 사람은 삶으로 각자 자신만의 삶의 문양을 만들어갑니다. 세상에는 상상할 수 없는 엄청난 부와 명예, 권력을 가진 사람도 많습니다. 나무와 비교한다면 엄청난 거목이고 아름다운 자태를 뽐내는 값을 매길 수 없는 높은 가치를 가진 나무일 겁니다. 커다란 나무 사이에서 흔하게 자라는 잡목이나 바위틈에서 자라는 나무 같은 사람들도 많습니다.

나는 어떤 삶의 문양을 만들어내며 살아왔을까 생각을 해봤습니다. 저도 어떤 문양인지 알지 못하지만 분명히 문양은 있습니다. 굳이 그려본다면 꼬불꼬불 엉켜져 이리 휘어지고 저리 휘어지지 않았을까 싶습니다.

타인에게도 나에게도 관심을 가지지 못할 만큼 바쁘게 쫓기듯 살아왔습니다. 돌아보니 지금까지는 먹고사는 것을 해결하기 위해서 문양을 그려온 듯합니다. 이제 머리가 희끗희끗해져 한숨 돌리니 남은 인생은 마음의 문양을 그리고 싶어집니다.

바위틈이든 자갈 틈이든 모래 틈이든 어렵고 힘들게 뿌리내리고 가지를 뻗어내는 작은 나무의 아름다움은 옥토 밭에서 쑥쑥 큰 키 큰 나무 못지않습니다. 아니, 전문가들은 휘어지고 구부러진 작은 나무를 오히려 더 값지게 봅니다. 사람이 나무보다 값집니다.

저는 부모에게 받은 것이 몸뚱이 하나뿐이었지만 스스로 노력해서 한 가정을 이루고 살아왔습니다.

주변에 좋은 사람들을 얻고 함께 나누며 사는 것 또한 아름다운 문양을 그려내는 것이 아닌가 합니다. 삶이 힘들지만 포기하지 않는 사람만이 어제보다 더 아름다운 문양을 그려내는 것 같습니다. 그 삶 자체가 아름다운 문양입니다.

'내가 뭐 별거 있나' 생각할 수 있지만 각자 자기만의 문양을 그려내고 있습니다.

사회적으로 성공한 것만이 전부가 아닙니다. 어제보다 더 나은 오늘을 만들기 위해 몸부림치며 사는 자체가 아름답습니다. 굳이 뭔가 대단한 것을 남기고 이름을 날리고 모두가 우러러보는 명예를 얻는 것보다 귀한 것이 있습니다. 어제보다 나은 오늘을 만들며 사는 것입니다.

어차피 빈손으로 돌아가는데 사진을 남기면 무슨 의미가 있고, 동상을 세운들 무슨 소용이 있고, 재산을 남긴들 무슨 소용이 있겠습니까? 네발로 기어 다닐 때까지 곳간을 채우기보다 열심히 내 마음을 채우며 살아가렵니다. 빈손으로 왔다가 빈손으로 돌아가는 날, 함께 사그라질 그 날까지 열심히 내 삶의 문양을 그려나갈 것입니다.

노래 가사처럼 백 년도 힘든 것을 천년을 살 것처럼 아등바등하면서 살지 않으렵니다.
죽을 때 마음의 곳간이 허전하지 않게 살다 가면 좋겠습니다.

추운 겨울을 이기고 두꺼운 땅을 뚫고 가만히 올라오는 작은 풀잎에 담긴 신비함으로 오늘도 내 특유의 문양을 만들려 합니다.

에필로그

정답은없다.

어른들 하시는 말씀 중에 이런 말이 있습니다. 싸움 구경, 불구경, 사람 구경이 제일 재미있다고. 사람 구경이 재미있다니? 저는 그 말이 잘 이해가 가지 않았습니다.

어느 날 역전에서 친구를 기다리는데 지나가는 사람들의 모습이 눈에 들어왔습니다. 단 한 사람도 같은 사람이 없었습니다. 생김새도 옷 입은 스타일도 걸음걸이도 제각각이었습니다. 너무나 신기했습니다. 그때야 어른들이 사람 구경이 재미있다고 하셨던 말이 무슨 말인지 알게 되었습니다.

사람의 겉모습뿐만이 아닙니다. 두 손으로 가려지는 작은 얼굴 하나에도 이처럼 생김새가 다르듯 생각도 다양합니다. 같은 것을 보고서도 같은 생각을 하지 않습니다. 세상에서 단 하나뿐인 독창적인 모습으로 태어나 그만큼 다양한 자신만의 생각으로 살아갑니다.

생각은 얼핏 자유로워 보입니다. 다들 자기 마음대로 생각하니깐요. 하지만 세상은 자신이 생각하는 것처럼 자유롭게 살기가 쉽지 않습니다.

자신이 원하는 나라를 선택하거나 원하는 부모와 환경을 선택해 태어나는 사람은 없습니다. 어려서는 자신의 마음대로 선택할 수 있는 것이 없으니 부모가 원하는 대로 할 수밖에요. 그러다 점차 육체적으로 경제적으로 성장하면서 부모로부터 독립하기 시작합니다.

그러나 결혼까지도 내 뜻대로 하지 못하는 경우도 있고, 결혼해서도 부모에게서 벗어나지 못하는 경우도 종종 있습니다. 자신의 진로를 자유롭게 선택하는 것마저 쉽지 않은 경우도 있고, 자신이 좋아하는 것을 택해서 살아도 원하는 만큼 경제적인 여건이 따라주지 못하기도 합니다.

결국 무엇을 선택할까, 선택의 문제입니다. 어떤 선택도 양단의 면이 있습니다. 백 세 시대라고 하니 백 세까지의 준비를 해야 합니다. 고민은 더 깊어질 수밖에 없습니다.

요즈음은 필수적으로 해야 하는 것들이 너무나 많아졌습니다. 이것도 있어야 하고 저것도 있어야 합니다. 갖고 싶은 것, 하고 싶은 것, 먹고, 입고, 가야 할 곳들이 너무나 많아졌습니다.

제가 지나온 시절에는 점심 먹고 커피를 마시던 시대가 아니었습니다. 자동차를 지금처럼 쉽게 소유하지 못했고, 옷도, 음식도, 놀 거리도 지금처럼 다양하지 않았습니다.

그뿐이 아닙니다. 지금의 기술 발전 속도는 과거에 비하면 광속의 속도입니다. 자고 일어나면 상상을 초월한 신기술이 인간에게 편리함을 선사합니다. 드론이 하늘을 떠다니고, 무인 자율 주행차가 길거리를 돌아다닙니다. 은행에서 번호표를 들고 긴 줄을 설 필요 없이 손가락 몇 번의 터치로 송금이 끝납니다.

지난 10년의 변화는 지난 100년 아니 1,000년에 버금갈 것입니다. 그러니 요즈음 젊은이들은 우리 세대보다 훨씬 고민이 깊을 것 같습니다. 이 시대를 살아가는 젊은이들은 제가 젊었을 때보다 더 풍요롭고 발전한 세상에서 살지만 고민은 더 깊을 것입니다.

다양한 직업들이 생기고 다채로운 문화가 생겨났습니다. 삶이 윤택해지고 각양각색 즐길 거리가 늘어났습니다. 그렇다고 정신도 생각도 마냥 여유 있지는 않을 것입니다.

가장 많이 하는 고민 중 하나가 '진로'일 것입니다. 취업에 대한 고민, 자신의 앞날, 자신의 원동력이 되어줄 일을 찾는 것, 어떻게 살아가야 하고, 내가 무엇을 좋아하는지 아는 것…….

억지로 어쩔 수 없이 무언가 선택해야 했던 사람이 있을 겁니다. 뭔가를 시도하면서 나와 잘 맞지 않는구나 생각한 사람도 있을 겁니다. 꿈과 현실의 사이에서 적당한 타협점을 찾기도 했을 것입니다.

마음이 끌려 하고 싶은 것에 도전했다가 지금보다 힘들어지면 어떻게 하나 망설이는 사람도 있을 겁니다. 무엇을 해야 후회하지 않을까 고민하다가 결국 선택이란 걸 합니다.

정답은 없습니다. 우리 모두 제각각 생긴 것처럼, 하나같이 모두 다르게 생긴 것처럼 말입니다.

생각도 제각각이라 무엇이 옳다, 혹은 그르다고 말할 수 없습니다. 타인을 의식하지 말고 자신이 하고 싶은 일을 하는 겁니다.
하고 싶은 일을 한다고 다 성공하지는 못합니다. 그렇다고 그것이 실패라고 단정 지을 수 없습니다. 실패한 인생은 없습니다. 실패한 것이 아니라 자신의 남은 인생을 자신답게 살아가기 위한 귀중한 경험과 자산을 쌓은 것입니다.

요즈음 나뭇잎이 한참 피고 있습니다. 내가 심은 나무 중, 한 나무에서는 잎이 폈는데 다른 한 나무에서는 잎이 피어나지 않았습니다. 이 나무가 죽었나 싶었는데 다른 나무보다 무려 7일이 지나서야 잎을 피우기 시작했습니다.

같은 종류의 나무도 잎이 피는 시기가 다릅니다. 사람은 말할 나위가 없습니다. 내 인생이 언제 화려하게 꽃이 필지 아무도 모릅니다.

백 세 시대이니 얼마나 많은 도전을 할 수 있을까요? 멈춰있던 시간, 빙빙 돌아 다른 길로 갔던 시간, 혹은 되돌아갔던 시간, 미친 듯이 달려갔던 시간, 누군가의 도움을 받은 시간, 우리에게는 다양한 시간이 있었습니다.

지금까지 살아온 수많은 시간 중에 성공한 시간도 실패한 시간도 있었습니다.

실패한 시간이 문제가 아닙니다. 시간이 지나고 나서 뒤돌아봤을 때, 한 번도 도전하지 않은 삶이었다면 그것이야말로 실패한 인생입니다.

정답을 찾지 마세요. 당신이 정답입니다.

정답은없다

초판 1쇄 발행 2021년 10월 30일
초판 2쇄 발행 2022년 1월 30일
지은이 정범석
발행인 장문정
발행처 문예바다
등록번호 105-03-77241
주소 서울 중구 삼일대로 30길 21, 종로오피스텔 611호
전화 02-744-2208
메일 qmyes@naver.com

ⓒ 정범석, 2021. Printed in Seoul, Korea
ISBN 979-11-6115-148-9

- 이 책의 판권은 지은이와 출판사에 있습니다. 양측의 서면 동의 없는 무단복제를 금합니다.
- 책값은 뒤표지에 있습니다.